SS 1972

LES CHASSEURS

DE

CHEVELURES

PAR

LE CAPITAINE MAYNE-REID

TRADUIT PAR

ALLYRE BUREAU

Traduction et reproduction interdites, suivant les traités.

4

PARIS
LOCARD-DAVI ET DE VRESSE
16, RUE DE L'HIRONDELLE

1854

LES

CHASSEURS DE CHEVELURES

EN VENTE CHEZ LES MÊMES ÉDITEURS

ADIEUX AU MONDE
MÉMOIRES
DE CÉLESTE MOGADOR
8 volumes.

Ces Mémoires sont la vie d'une femme que tout le monde connaît. La vie de cette femme, devenue grande dame, est racontée par elle-même, dans tous ses détails, sans mystères, sans voile, sans restrictions, à titre d'enseignement aux pauvres filles abandonnées de la fortune et de leurs parents.

Cet ouvrage est complètement inédit, et n'a paru dans aucun journal.

LA DAME AUX PERLES
Par Alex. DUMAS, fils. — 4 vol.

On se souvient de l'immense succès de la **Dame aux Camélias**; M. Alexandre Dumas, fils, a donné un pendant à son chef-d'œuvre en écrivant la **Dame aux Perles**. Ce n'est plus seulement un roman de jeunesse, c'est une étude du cœur humain dans ses replis les plus secrets.

HEURES DE PRISON
Par madame LAFARGE (née Marie Capelle). — 3 vol.

Le nom seul de madame Lafarge dit ce qu'est cet ouvrage. Quelle que soit l'opinion que l'on se soit faite sur elle, qu'on la croie innocente ou coupable, il est impossible de rester indifférent à ces récits entraînants où la magie du style s'unit à la force des pensées.

DU SOIR AU MATIN
Par A. DU CASSE. — 1 vol.

Initier les personnes qui n'ont jamais fait partie de l'armée à quelques habitudes de la vie militaire, rappeler à ceux qui ont été soldats quelques souvenirs de garnison, retracer pour ceux qui sont encore au service quelques scènes de leur vie intime, amuser un peu tout le monde, voilà quel est le but de ce livre.

LES
PETITS-FILS DE LOVELACE
Par Amédée ACHARD. — 3 vol.

Les qualités qui distinguent cette œuvre placent M. Amédée Achard au rang de nos romanciers de premier ordre. C'est un de ces drames effrayants de la vie du grand monde dont Balzac nous a, le premier, révélé les mystères.

LES CHASSEURS

DE

CHEVELURES

PAR

LE CAPITAINE MAYNE-REID

TRADUIT PAR

ALLYRE BUREAU

Traduction et reproduction interdites, suivant les traités.

4

PARIS

LOCARD-DAVI ET DE VRESSE

16, RUE DE L'HIRONDELLE

1854

CHAPITRE XXXVI

L'embuscade nocturne.

Une petite heure se passa ainsi. Le globe brillant disparut derrière nous, et les roches de quartz revêtirent une teinte sombre. Les derniers rayons du soleil illuminèrent un moment les pics les plus élevés, puis s'éclipsèrent. La nuit était venue.

Nous descendîmes la pente rapide en une longue file et atteignîmes la plaine; puis, tournant à gauche, nous suivîmes le pied de la montagne. Les rochers nous servaient de guides.

Nous avancions avec prudence et parlions à voix basse. La route que nous suivions était semée de roches détachées, tombées du haut de la montagne. Nous étions obligés de contourner des contreforts qui s'avançaient jusque dans la plaine. De temps en temps, nous nous arrêtions pour tenir conseil.

Après avoir marché ainsi pendant 10 à 12 milles, nous nous trouvâmes de l'autre côté de la ville. Nous n'en étions pas à plus d'un mille. Nous apercevions les feux allumés sur la plaine, et nous entendions les voix de ceux qui étaient autour.

Là, nous divisâmes la troupe en deux parts. Un petit détachement resta caché dans un défilé au milieu des rochers. Ce détachement fut chargé de la garde du chef captif et des mules de bagages. Le corps principal se porta en avant, sous la conduite de Rubé, et suivit la lisière de la forêt, laissant un poste de distance en distance.

Ces postes se cachèrent à leurs stations respectives, gardant un profond silence et attendant le signal du clairon, qui devait être donné au point du jour.

. . . .

La nuit s'écoule lente et silencieuse. Les feux s'éteignent l'un après l'autre, et la plaine reste enveloppée des ombres d'une nuit sans lune. De sombres nuages flottent dans l'air, la pluie menace, phénomène rare dans cette région. Le cygne fait entendre son cri discordant, le gruya pousse sa note cuivrée au-dessus de la rivière, le loup hurle sur la lisière du village endormi.

La voix de la chauve-souris géante traverse les airs. On entend le *flap-flap* de ses grandes ailes quand elle descend en traversant les groupes de lumineux *cocuyos* (1) ; le sol de la prairie résonne sourdement sous les sabots des chevaux, le craquement de l'herbe se mêle au *tink ling* des anneaux des mors, car les chevaux mangent tout bridés. Par moments, un chasseur endormi murmure quelques mots, se débattant en rêve contre quelque terrible ennemi. Ainsi la nuit se passe.

(1) Coléoptères phosphorescents.

Tout se tait au moment où le jour approche. Les loups cessent de hurler; le cygne et la grue bleue font silence; l'oiseau de proie nocturne a garni sa panse vorace, et s'est perché sur un pin de la montagne; les mouches phosphorescentes disparaissent sous l'influence des heures plus froides ; et les chevaux, ayant pâturé toute l'herbe qui se trouvait à leur portée, sont couchés et endormis.

Une lumière grise commence à se répandre sur la vallée; elle glisse le long des blancs rochers de la montagne de quartz. L'air frais du matin réveille les chasseurs.

L'un après l'autre ils se lèvent. Ils frissonnent en se redressant, et ramassent autour d'eux les plis de leurs manteaux. Ils paraissent fatigués ; leurs figures sont pâles et blafardes. L'aube grise donne un air de fantôme à leurs faces barbues et non lavées.

Un instant après, ils rassemblent les longes et les attachent aux anneaux ; visitent les chiens et les amorces de leurs fusils, et rebouclent leurs ceintures ; tirent de leurs havre-sacs des morceaux de *tasajo* et les mangent crus. Debout auprès de leurs chevaux, ils se tiennent prêts à se mettre en selle. Le moment n'est pas encore venu.

La lumière gagne la vallée. Le brouillard bleu qui couvrait la rivière pendant la nuit s'élève. Nous distinguons tous les détails des maisons. Quelles singulières constructions!

Les plus élevées ont un, deux, et jusqu'à quatre étages. Toutes affectent la forme d'une pyramide tronquée. Chaque étage est en retraite sur celui qui est au-dessous, d'où résulte une série de terrasses superposées. Les maisons sont d'un blanc jaunâtre, couleur de la terre qui a servi à les construire. On n'y voit pas de fenêtres; des portes ouvertes à chaque étage sur le dehors donnent accès dans l'intérieur; des échelles dressées de terrasse en terrasse sont appuyées contre les murs. Sur le sommet de quelques-unes, il y a des perches portant des bannières, ce sont les demeures des principaux chefs et des grands guerriers de la nation.

Nous voyons le temple distinctement. Il a la même forme que les maisons, mais il est plus large et plus élevé. De son toit s'élance un grand mât portant une bannière avec un étrange écusson.

Près des maisons sont des enclos remplis de mules et de mustangs : c'est le bétail de la ville.

Le jour devient plus clair. Nous voyons

des formes apparaître sur les toits et se mouvoir le long des terrasses. Ce sont des figures humaines enveloppées de vêtements flottant comme des robes, en étoffes rayées. Nous reconnaissons la couverture des Navajoès, avec ses raies alternées, noires et blanches.

Avec la lunette, nous apercevons les formes plus distinctes et nous pouvons reconnaître les sexes.

Les cheveux pendent négligemment sur les épaules et descendent jusqu'au bas des reins. La plupart sont des femmes de différents âges. On aperçoit beaucoup d'enfants. Il y a des hommes, des vieillards à cheveux blancs; d'autres plus jeunes, en petit nombre; mais ce ne sont pas des guerriers; tous les guerriers sont absents.

Au moyen des échelles, ils descendent de terrasse en terrasse, se dirigent vers la plaine et vont rallumer les feux. Quelques-uns portent des vases de terre, des *ollas* sur leur tête, et vont à la rivière puiser de l'eau. Ils sont à peu près nus. Nous voyons leurs corps bruns et leurs poitrines découvertes. Ce sont des esclaves.

Ah! les vieillards se dirigent vers le sommet du temple. Des femmes et des enfants les suivent; les uns en blanc, les autres vêtus de couleurs variées. Il y a des jeunes filles et des jeunes garçons: ce sont les enfants des chefs.

Une centaine environ sont réunis sur le toit le plus élevé. Un autel est dressé près de la hampe du drapeau. La fumée s'élève, la flamme brille : ils ont allumé du feu sur l'autel.

Ecoutez! les chants et les sons du tambour indien!

Le bruit cesse ; tous restent immobiles et silencieux, la face tournée vers l'est.

— Qu'est-ce que cela signifie?

— Ils attendent que le soleil paraisse. Ces peuples adorent le soleil.

Les chasseurs, dont la curiosité est excitée, restent le regard tendu, observant la cérémonie.

Le sommet le plus élevé de la montagne quartzeuse s'allume. C'est le premier signe de l'arrivée du soleil.

La teinte dorée descend le long du pic.

D'autres points s'illuminent. Les rayons viennent frapper les figures des adorateurs. Voyez! il y a des blancs parmi eux!

Un — deux — plusieurs blancs : ce sont des femmes et des jeunes filles.

— Oh! Dieu, faites qu'elle soit là! — s'écrie Seguin prenant sa lunette avec empressement, et portant le clairon à ses lèvres.

Quelques notes éclatantes résonnent dans la vallée. Les cavaliers entendent le signal. Ils débouchent des bois et des défilés. Ils galoppent à travers la plaine, et se déploient en avançant.

En peu de minutes nous avons formé un grand arc de cercle autour de la ville.

Nos chevaux nous mènent vers le pied des murailles.

L'atajo et le chef captif, confiés à la garde d'un petit nombre d'hommes, sont restés dans le défilé.

Les sons du clairon ont attiré l'attention des habitants. Ils s'arrêtent un moment, frappés d'immobilité par la surprise. Ils voient la ligne qui les enveloppe. Ils aperçoivent les cavaliers qui s'avancent.

Serait-ce un jeu de la part de quelque tribu amie? Non. Ces voix étrangères, ce clairon, tout cela est nouveau pour les oreilles des Indiens. Quelques-uns cependant ont déjà entendu ces sons, ils reconnaissent la trompette de guerre des visages pâles !

Pendant un moment la consternation les prive de la faculté d'agir. Ils nous regardent jusqu'à ce que nous soyons tout près. Ils voient les visages pâles, les armes étranges, les chevaux singulièrement harnachés. C'est l'ennemi! ce sont les blancs!

Ils courent d'une place à l'autre, de rue en rue. Ceux qui portaient de l'eau jettent leurs *ollas* et prennent leur course, en criant, vers les maisons. Ils montent sur les toits et retirent les échelles après eux.

Des exclamations sont échangées; les hommes, les femmes et les enfants poussent des cris affreux. La terreur est peinte sur toutes les figures; l'épouvante se lit dans tous leurs mouvements.

Pendant ce temps, notre ligne s'est resserrée, et nous ne sommes plus qu'à deux cents yards des murs. Nous faisons halte un moment. Vingt hommes sont laissés pour former une arrière-garde. Les autres se réunissent en corps et se portent en avant sur les pas de leurs chefs.

CHAPITRE XXXVII

Adèle.

Nous nous dirigeons vers le grand bâtiment, nous l'entourons et nous faisons halte de nouveau. Les vieillards sont toujours sur le toit et garnissent le parapet. Ils sont en proie à la terreur et tremblent comme des enfants.

— Ne craignez rien ; nous venons en amis ! — crie Seguin, parlant une langue qui nous est étrangère et leur faisant des signes.

Sa voix ne peut percer le bruit des cris perçants que l'on entend de tous côtés.

Il répète les mêmes mots et renouvelle ses signes avec plus d'énergie.

Les vieillards se groupent au bord du

parapet. L'un d'entre eux se distingue au milieu de tous les autres.

Ses cheveux blancs comme la neige tombent jusqu'à sa ceinture. De brillants ornements pendent à ses oreilles et sur sa poitrine. Il est revêtu d'une robe blanche. Il a toute l'apparence d'un chef ; tous les autres lui obéissent. Sur un signe de sa main, les cris cessent. Il se penche au dessus du parapet comme pour nous parler.

— *Amigos! amigos!* — crie-t-il en espagnol.

— Oui, oui, nous sommes des amis, -

répond Seguin dans la même langue. —
Ne craignez rien de nous! Nous ne venons
pas pour vous faire du mal.

— Pourquoi nous feriez-vous du mal?
Nous sommes en paix avec tous les blancs
de l'Est. Nous sommes les fils de Moctezuma.
Nous sommes Navajoès. Que voulez-vous
de nous?

— Nous venons pour nos parents, vos
captives blanches. Ce sont nos femmes et
nos filles.

— Des captives blanches! vous vous
trompez : nous n'avons pas de capti-

ves. Celles que vous cherchez sont parmi les Apachès, loin, là-bas, vers le sud.

— Non. Elles sont parmi vous, — répond Seguin, — j'ai des informations précises et sûres à cet égard. Pas de retard, donc! Nous avons fait un long voyage pour les retrouver, et nous ne nous en irons pas sans elles.

Le vieillard se tourne vers ses compagnons. Ils parlent à voix basse et échangent des signes. Les figures se retournent du côté de Seguin.

— Croyez-moi senor chef, dit le vieillard, parlant avec emphase, — vous avez été mal informé. Nous n'avons pas de captives blanches.

— Pish! vieux menteur impudent! — cria Rubé en sortant de la foule et ôtant son bonnet de peau de chat. — Reconnais-tu l'Enfant, le reconnais-tu?

Le crâne dépouillé se montre aux yeux des Indiens. Un murmure plein d'alarmes se fait entendre parmi eux. Le chef aux cheveux blancs semble déconcerté. Il sait l'histoire de cette tête scalpée.

De sourds grondements se font ententendre aussi parmi les chasseurs. Ils ont vu les femmes blanches en galopant vers la ville. Ce mensonge les irrite, et le bruit menaçant des rifles qu'on arme se fait entendre tout autour de nous.

— Vous avez dit des paroles fausses, vieillard, — crie Seguin. — Nous savons que vous avez des captives blanches, rendez-nous-les donc, si vous voulez sauver vos têtes.

— Et vite ! — crie Garey, levant son rifle avec un geste menaçant. — Plus vite que ça, ou bien je fais sauter la cervelle de ton vieux crâne.

— Patience, *amigo*, vous verrez nos femmes blanches; mais ce ne sont pas des captives. Ce sont nos filles, les enfants de Moctezuma.

L'Indien descend au troisième étage du temple. Il disparaît sous une porte et revient presque aussitôt, amenant avec lui cinq femmes revêtues du costume des Navajoès. Ce sont des femmes et des jeunes filles, et, ainsi qu'on peut le voir au premier coup d'œil, elles appartiennent à la race hispano-mexicaine.

Mais il y en a parmi nous qui les connaissent plus particulièrement. Trois d'entre elles sont reconnues par autant de chasseurs, et, à la vue de ceux-ci, elles se précipitent vers le parapet, tendent leurs bras, et poussent des exclamations de joie. Les chasseurs les appellent :

— Pepe! — Rafaela! — Jesusita! — entremêlant leurs noms d'expressions de tendresse. Ils leur crient de descendre, en leur montrant des échelles.

— *Bajan, ninas, bajan! aprisa! aprisa!* (Venez en bas, chères filles; descendez vite, vite!)

Les échelles sont sur les terrasses. Les jeunes filles ne peuvent les remuer. Leurs maîtres se tiennent auprès d'elles, les sourcils froncés, et silencieux.

— Tendez les échelles ! — crie Garey, menaçant de son fusil, — tendez les échelles et aidez les jeunes filles à descendre, ou je fais de l'un de vous un cadavre.

— Les échelles ! les échelles ! — crient une multitude de voix.

Les Indiens obéissent. Les jeunes filles descendent, et, un moment après, tombent dans les bras de leurs amis.

Deux restaient encore ; trois seulement

étant descendues. Seguin avait mis pied à terre et les avait examinées toutes les trois. Aucune d'elle n'était l'objet de sa sollicitude.

Il monte à l'échelle, suivi de quelques-uns des hommes. Il s'élance de terrasse en terrasse jusqu'à la troisième, et se porte vivement vers les deux captives. Elles reculent à son approche, et, se méprenant sur ses intentions, poussent des cris de terreur.

Seguin les examine d'un regard perçant. Le père interroge ses propres instincts, sa mémoire confuse. L'une des femmes est trop âgée ; l'autre est affreuse et présente tous les dehors d'une esclave.

— Mon Dieu ! se pourrait-il ! — s'écrie-t-il avec un sanglot. — Il y avait un signe.... Non ! non ! cela ne se peut pas !

Il s'élance en avant, saisit la jeune fille par le poignet, mais sans brusquerie, relève la manche et découvre le bras jusqu'à l'épaule.

— Non ! — s'écrie-t-il de nouveau, — rien ! Ce n'est pas elle.

Il la quitte et s'élance vers le vieil Indien, qui recule, épouvanté de l'expression terrible de son regard.

— Toutes ne sont pas là ! — crie Seguin d'une voix de tonnerre ; — il y en a d'autres : amène-les ici, vieillard, ou je t'écrase sur la terre.

— Nous n'avons pas ici d'autres femmes blanches, — répond l'Indien d'un ton calme et décidé.

— Tu mens! tu mens! la vie m'en répondra. Ici! Rubé, viens le confondre.

— Tu mens, vieille canaille! tes cheveux blancs ne resteront pas longtemps à leur place, si tu ne l'amènes pas bientôt ici. Où est-elle, la jeune reine?

— Au sud. — Et l'Indien indiquait la direction du midi.

— *Oh! mon Dieu! mon Dieu!* — s'écrie Seguin, dans sa langue natale, avec l'accent du plus profond désespoir.

— Ne le croyez pas, cap'n! J'ai vu bien des Indiens dans ma vie, mais je n'ai jamais vu un menteur plus effronté que cette vieille vermine. Vous l'avez entendu tout à l'heure à propos des autres filles?

— C'est vrai, il a menti tout à l'heure ; mais elle !... elle peut être partie.

— Il n'y a pas un mot de vrai dans ses paroles. Il ne sait que mentir. C'est un maître charlatan ; il ne dit que des impostures. La jeune fille est ce qu'ils appellent la reine des mystères. Elle sait beaucoup de choses, et aide ce vieux bandit dans toutes ses momeries et dans les sacrifices. Il ne se soucie pas de la perdre, elle est ici quelque part, j'en suis sûr ; mais elle est cachée, c'est certain.

— Camarades ! — crie Seguin se précipitant vers le parapet, — prenez des échelles ! fouillez toutes les maisons !

faites sortir tout le monde, jeunes et vieux. Conduisez-les au milieu de la plaine. Ne laissez pas un coin sans l'examiner. Ramenez-moi mon enfant!

Les chasseurs s'emparent des échelles. Avec celles du grand temple, ils sont bientôt en possession des autres. Ils courent de maison en maison et font sortir les habitants, qui poussent des cris d'épouvante.

Dans quelques habitations, il y a des hommes — des guerriers traînards, des enfants et des *dandys*. Ceux qui résistent sont tués, scalpés et jetés par-dessus les parapets.

Les habitants arrivent en foule devant le temple, conduits par les chasseurs : il y a des femmes et des filles de tous âges.

Seguin les examine avec attention ; son cœur est oppressé. A l'arrivée de chaque nouveau groupe, il découvre les visages ; c'est en vain ! Plusieurs sont jeunes et jolies, mais brunes comme la feuille qui tombe. On ne l'a pas encore trouvée.

J'aperçois les trois captives délivrées près de leurs amis mexicains. Elles pourront peut-être indiquer le lieu où on peut la trouver.

— Interrogez-les ! — dis-je tout bas au chef.

— Ah ! vous avez raison. Je n'y pensais pas. Allons, allons !

Nous descendons par les échelles, nous courons vers les captives. Seguin donne une description rapide de celle qu'il cherche.

— Ce doit être la reine des mystères, — dit l'une.

— Oui ! oui ! — s'écrie Seguin, tremblant d'anxiété, — c'est elle : c'est la reine des mystères.

— Elle est dans la ville, alors, — ajoute une autre.

— Où? où? — crie le père hors de lui.

— Où?... où?... — répètent les jeunes filles s'interrogeant l'une l'autre.

— Je l'ai vue ce matin, il y a peu d'instants, juste avant que vous n'arriviez.

— Je l'ai vu, lui, qui la pressait de

rentrer, — ajoute une seconde, montrant le vieil Indien. — Il l'a cachée.

— *Caval!* — s'écrie une autre, — peut-être dans l'*Estufa*.

— L'*Estufa?* qu'es-ce que c'est?

— C'est l'endroit où brûle le feu sacré, où il prépare ses médicaments.

— Où est-ce? Conduisez-moi.

— *Ay de mi!* nous ne savons pas le chemin; c'est un endroit secret où on brûle les gens! *Ay de mi!*

— Maïs, *senor*, c'est dans le temple, quelque part sous terre. *Il* le sait bien. Il n'y a que *lui* qui ait le droit d'y entrer. *Corraï! l'Estufa* est un endroit terrible. C'est du moins ce que tout le monde dit.

Une idée vague que sa fille peut être en danger traverse l'esprit de Seguin. Peut-être est-elle morte déjà ou en proie à quelque terrible agonie. Il est frappé, et nous le sommes comme lui, de l'expression de froide méchanceté qui se montre sur la physionomie du vieux chef-médecin. Il y a dans cette figure quelque chose de plus que chez les Indiens ordinaires, quelque chose qui indique une détermination entêtée de mourir plutôt que d'abandonner ce qu'il a mis dans sa tête de conserver. On reconnaît en lui cette ruse démoniaque, caractère distinctif de ceux qui, parmi les tribus sauvages, s'élèvent à la position qu'il occupe.

En proie à cette idée, Seguin court vers les échelles, remonte sur le toit suivi de quelques hommes. Il se jette sur le prêtre imposteur, le saisit par ses longs cheveux.

— Conduis-moi vers elle! — crie-t-il d'une voix de tonnerre, — conduis-moi vers cette reine, la reine des mystères! *Elle est ma fille!*

— Votre fille! la reine des mystères! — répond l'Indien tremblant pour sa vie, mais résistant encore à la menace. — Non, homme blanc, non, elle n'est pas votre fille : la reine est des nôtres. C'est la fille du Soleil ; c'est l'enfant d'un chef des Navajoès !

— Ne me tente pas davantage, vieillard, ne me tente pas, te dis-je. Écoute : si on a touché à un de ses cheveux, tous paieront pour elle. Je ne laisserai pas un être vivant dans ta ville. Marche! conduis-moi à l'*Estufa*.

— A l'*Estufa*! à l'*Estufa*! — crient les chasseurs.

Des mains vigoureuses empoignent l'Indien par ses vêtements et s'accrochent à ses cheveux. On brandit à ses yeux les couteaux déjà rouges de sang; on l'entraîne du toit et on lui fait descendre les échelles.

Il n'oppose plus aucune résistance, car il voit que toute hésitation sera désormais le signal de sa mort. Moitié traîné, moitié dirigeant la marche, il atteint le rez-de-chaussée du temple.

Il pénètre dans un passage masqué par des peaux de buffalos. Seguin le suit, ne le quitte pas de l'œil et ne le lâche pas de la main. Nous marchons en foule derrière, sur les talons les uns des autres.

Nous traversons des couloirs sombres, qui descendent et forment un labyrinthe inextricable. Nous arrivons dans une large pièce faiblement éclairée. Des images fantastiques frappent nos yeux, mystiques symboles d'une horrible religion. Les murs sont couverts de formes hideuses et de peaux de bêtes sauvages. Nous voyons la tête féroce de l'ours gris ; celles du buffalo blanc, du carcajou, de la panthère, et du loup, toujours affamé. Nous reconnaissons les cornes et le frontal de l'élan, du cimmaron, du buffle farouche. Çà et là sont des figures d'idoles, de formes grottesques et monstrueuses, grossièrement sculptées, en bois ou en pierre rouge du désert.

Une lampe jette une faible lumière ; et sur un *brasero*, placé à peu près au milieu de la pièce, brille une petite flamme bleuâtre. C'est le feu sacré ; le feu qui, depuis des siècles, brûle en l'honneur du dieu Quetzalcoat!

Nous ne nous arrêtons pas à examiner tous ces objets. Nous courons dans toutes les directions, renversant les idoles et arrachant les peaux sacrées.

D'énormes serpents rampent sur le sol

et s'enroulent autour de nos pieds. Ils ont été troublés, effrayés par cette invasion inaccoutumée. Nous aussi nous sommes épouvantés, car nous entendons la terrible crecelle de la queue du crotale!

Les chasseurs sautent par dessus, et les frappent de la crosse de leurs fusils; ils en écrasent un grand nombre sur le pavé.

Tout est cris et confusion. Les exhalaisons du charbon nous asphyxient; nous étouffons. Où est Seguin? Par où est-il passé.

Écoutez! — des cris! — c'est la voix d'une femme! — Des voix d'hommes s'y mêlent aussi.

Nous nous précipitons vers le point d'où partent ces cris. Nous écartons violemment les cloisons de peaux accrochées. Nous apercevons notre chef. Il tient une femme entre ses bras; une jeune fille, une belle jeune fille couverte d'or et de plumes brillantes.

Elle crie et se débat pour lui échapper, au moment où nous entrons. Il la tient avec force et a relevé la manche de peau de faon de sa tunique. Il examine son bras gauche, qu'il serre contre sa poitrine.

— C'est elle! c'est elle! — s'écrie-t-il d'une voix tremblante d'émotion. — Oh! mon Dieu! c'est elle! Adèle! Adèle! ne me reconnais-tu pas, moi, ton père?

Elle continue à crier. Elle le repousse, tend les bras à l'Indien, et l'appelle à son secours!

Le père lui parle avec toute l'énergie de la tendresse la plus ardente. Elle ne l'écoute pas. Elle détourne son visage et se traîne avec effort jusqu'aux pieds du prêtre, dont elle embrasse les genoux.

— Elle ne me connaît pas! Oh! Dieu! mon enfant! ma fille!

Seguin lui parle encore dans la langue des Indiens, et avec l'accent de la prière.

— Adèle! Adèle! je suis ton père!

— Vous! qui êtes-vous? des blancs! nos ennemis! Ne me touchez pas! hommes blancs! arrière!

— Chère, chère Adèle! ne me repousse pas, moi, ton père! te rappelles-tu.....

— Mon père!... mon père était un grand

chef, Il est mort. Voici mon père : le Soleil est mon père. Je suis la fille de Moctezuma! je suis la reine des Navajoès.

En disant ces mots, un changement s'opère en elle. Elle ne rampe plus. Elle se relève sur ses pieds. Ses cris ont cessé, et elle se tient dans une attitude fière et indignée.

— Oh! Adèle, — continue Seguin de plus en plus pressant, — regarde moi! ne te rappelles-tu pas? Regarde ma figure! Oh! mon Dieu! ici, regarde ceci, voilà ta mère. Adèle! regarde! regarde! c'est son portrait; ton ange de mère! Regarde-le! regarde, oh! Adèle!

Seguin, tout en parlant, tire une miniature de son sein et la place sous les yeux de sa fille. Cet objet attire son attention. Elle le regarde, mais sans manifester aucun souvenir. Sa curiosité seule est excitée.

Elle semble frappée des accents énergiques mais suppliants de son père. Elle le considère avec étonnement. Puis elle le repousse de nouveau. Il est évident qu'elle ne le reconnaît pas. Elle a perdu le souvenir de son père et de tous les siens. Elle a oublié la langue de son enfance; parents, famille, elle a tout oublié!

. . . .

Je ne puis retenir mes larmes en regardant la figure de mon malheureux ami. Semblable à un homme atteint d'une blessure mortelle, mais encore vivant, il se tenait debout, au milieu du groupe, silencieux et écrasée de douleur. Sa tête était retombée sur sa poitrine; le sang avait abandonné ses joues; son œil errait avec une expression d'imbécillité douloureuse à contempler. Je me faisais facilement une idée du terrible conflit qui s'agitait dans son sein.

Il ne fit plus aucun effort pour persuader sa fille. Il n'essaya pas davantage d'approcher d'elle; mais il garda pendant quelque temps la même attitude, sans proférer un mot.

— Emmenez-la! — murmura-t-il enfin d'une voix rauque et entrecoupée; — emmenez-la! Peut-être, si Dieu le permet, elle se rappellera un jour.

CHAPITRE XXXVIII

Le scalp blanc.

Il nous fallut traverser de nouveau l'horrible salle pour remonter sur la terrasse inférieure du temple.

Comme je m'avançais vers le parapet,

je vis en bas une scène qui me remplit de crainte. Mon cœur se serra et s'environna comme d'un nuage.

L'impression fut soudaine, indéfinissable comme la cause qui la produisait. Était-ce l'aspect du sang? (car il y en avait de répandu). Non; ce ne pouvait être cela. J'avais vu trop souvent le sang couler dans ces derniers temps; je m'étais même habitué à le voir verser sans nécessité. D'autres choses, d'autres bruits, à peine perceptibles à l'œil ou à l'oreille, agissaient sur mon esprit comme de terribles présages.

Il y avait une sorte d'*électricité funeste*

dans l'air, — non dans l'atmosphère physique, mais dans l'atmosphère morale, — et cette électricité exerçait son influence sur moi par un de ces mystérieux canaux que la philosophie n'a point encore définis. Réfléchissez un peu sur ce que vous avez éprouvé vous-même. Ne vous est-il pas arrivé souvent de sentir la colère ou les mauvaises passions éveillées autour de vous, avant qu'aucun symptôme, aucun mot, aucun acte, n'eût manifesté ces dispositions chez ceux qui vous entouraient?

De même que l'animal prévoit la tempête lorsque l'atmosphère est encore tranquille, je sentais instinctivement que quelque chose de terrible allait se passer.

Peut-être trouvais-je ce présage dans la complète tranquillité même qui nous environnait. Dans le monde moral comme dans le monde physique, la tempête est toujours précédée d'un moment de calme.

Devant le temple étaient réunies les femmes du village, les jeunes filles et les enfants; en tout, à peu près deux cents. Elles étaient diversement habillées; quelques-unes drapées dans des couvertures rayées; d'autres portant des tilmas, des tuniques de peau de faon brodées, ornées de plumes et teintes de vives couleurs; d'autres des vêtements de la civilisation: de riches robes de satin qui avaient appartenu aux dames du Del-Norte, des jupes à falbalas qui avaient voltigé autour des chevilles de quelque joyeuse *maja* passionnée pour la danse !

Bon nombre d'entre elles étaient entièrement nues, n'étant pas même protégées par la simple feuille de figuier.

Toutes étaient Indiennes, mais avaient le teint plus ou moins foncé, et elles différaient autant par la physionomie que par la couleur ; quelques-unes étaient vieilles, ridées, affreuses ; la plupart étaient jeunes, d'un aspect noble, et vraiment belles.

On les voyait groupées dans des attitudes diveses. Les cris avaient cessé, mais un murmure de sourdes et plaintives exclamations circulait au milieu d'elles.

En regardant, je vis que le sang coulait de leurs oreilles ! Il tachait leur cou, et se répandait sur leurs vêtements.

J'en eus bientôt reconnu la cause. On leur avait arraché leurs pendants d'oreilles.

Les chasseurs de scalps, descendus de cheval, les entouraient en les serrant de près. Ils causaient à voix basse. Mon attention fut attirée par des articles curieux d'ornement ou de toilette qui sortaient à moitié de leurs poches ou de leurs havresacs ; des colliers et d'autres bijoux de métal brillant ; — c'était de l'or, — qui pendaient à leurs cous, sur leurs poitrines. Ils avaient fait main basse sur la *bijouterie* des femmes indiennes.

D'autres objets frappèrent ma vue et me causèrent une impression pénible. Des scalps frais et saignants étaient attachés derrière la ceinture de plusieurs d'entre eux. Les manches de leurs couteaux et leurs doigts étaient rouges ; ils avaient les mains pleines de sang ; leurs regards étaient sinistres.

Ce tableau était effrayant; de sombres nuages roulant au-dessus de la vallée et couvrant les montagnes d'un voile opaque, ajoutaient encore à l'horreur de la scène. Des éclairs s'élançaient des différents pics, suivis des détonations rapprochées et terribles du tonnerre.

— Faites venir l'*atajo*, cria Seguin, descendant l'échelle avec sa fille.

Un signal fut donné, et peu après les mules conduites par les arrieros arrivèrent au galop à travers la plaine.

— Ramassez toute la viande séchée que

vous pourrez trouver. Empaquetez, le plus vite possible.

Devant la plupart des maisons, il y avait des cordes garnies de tajazo, accrochées aux murs. Il y avait aussi des fruits et des légumes secs, du *chilé*, des racines de kamas, et des sacs de peaux remplis de noix de pin et de baies.

La viande fut bientôt décrochée, réunie, et les hommes aidèrent les arrieros à l'empaqueter.

— C'est à peine si nous en aurons assez, — dit Seguin. — Holà, Rubé, — continua-t-il, appelant le vieux trappeur, —

choisissez nos prisonniers. Nous ne pouvons en prendre plus de vingt. Vous les connaissez ; prenez ceux qui conviendront le mieux pour négocier des échanges.

Ce disant, le chef se dirigea vers l'*atajo* avec sa fille, dans le but de la faire monter sur une des mules.

Rubé procédait à l'exécution de l'ordre qu'il avait reçu. Peu après, il avait choisi un certain nombre de captifs qui se laissaient faire, et il les avait fait sortir de la foule. C'étaient principalement des jeunes filles et de jeunes garçons, que leurs traits et leurs vêtements classaient parmi la noblesse de la nation ; c'étaient des enfants de chefs et de guerriers.

— Wagh! — s'écria Kirker, avec sa brutalité accoutumée, — il y a là des femmes pour tout le monde, camarades ; pourquoi chacun de nous n'en prendrait-il pas ? qui nous en empêche ?

— Kirker a raison, — ajouta un autre, — je me suis promis de m'en donner au moins une.

— Mais comment les nourrirons-nous en route ? nous n'avons pas assez de viande pour en prendre une chacun.

— Au diable la viande, — s'écria celui qui avait parlé le second. — Nous pouvons atteindre le Del-Norte en quatre jours au plus. Qu'avons-nous besoin de tant de viande.

— Il y en a en masse de la viande, — ajouta Kirker. Ne croyez donc pas le capitaine ; et puis, d'ailleurs, s'il en manque en route, nous planterons là les donzelles en leur prenant ce qu'elles ont de plus précieux pour nous.

Ces mots furent accompagnés d'un geste significatif désignant la chevelure, et dont la féroce expression était révoltante à voir.

— Eh bien! camarades? qu'en dites-vous?

— Je pense comme Kirker.

— Moi aussi.

— Moi aussi.

— Je ne donne de conseils à personne, ajouta le brutal; chacun de vous peut faire comme il lui plaît; mais, quant à moi, je ne me soucie pas de jeûner au milieu de l'abondance.

— C'est juste, camarade, tu as raison ; c'est juste.

— Eh bien! c'est celui qui a parlé le premier qui choisit le premier, vous le savez; c'est la loi de la Montagne. Ainsi donc, la vieille, je te prends pour moi. Viens, veux-tu ?

En disant cela, il s'empara d'une des Indiennes, une grosse femme de bonne mine; il la prit brutalement par la taille et la conduisit vers l'atajo.

La femme se mit à crier et à se débattre,

effrayée, non pas de ce qu'on avait dit, car elle n'en avait pas compris un mot, mais terrifiée par l'expression féroce dont la physionomie de cet homme était empreinte.

— Veux-tu bien taire tes mâchoires! — cria-t-il, la poussant vers les mules : — Je ne vas pas te manger. Wagh! ne sois donc pas si farouche. Allons! grimpe-moi là. Allons, houpp!

Et, en poussant cette dernière exclamation, il hissa la femme sur une des mules.

— Si tu ne restes pas tranquille, je vas t'attacher ; rappelle-toi de ça.

Et il lui montrait son lasso, en lui indiquant par geste son intention.

Une horrible scène suivit ce premier acte de brutalité.

Nombre de chasseurs de scalps suivirent l'exemple de leur scélérat compagnon.

Chacun d'eux choisit une jeune fille ou

une femme à son goût, et la traîna vers
l'*atajo*. Les femmes criaient; les hommes
criaient plus fort et juraient. Quelques-
uns se disputaient la même prise, une
jeune fille plus belle que ses compagnes;
une querelle s'ensuivit.

Les imprécations, les menaces furent
échangées; les couteaux brillèrent hors
de la gaine, et les pistolets craquè-
rent.

— Tirons-la au sort! — s'écria l'un
d'eux.

— Oui, bravo! tirons! tirons! — s'é-
crièrent-ils tous.

La proposition était adoptée; la loterie eut lieu, et la belle sauvage devint la propriété du gagnant.

Peu d'instants après, chacune des mules de l'atajo était chargée d'une jeune fille indienne.

Quelques-uns des chasseurs n'avaient pas pris part à cet enlèvement des Sabines.

Plusieurs le désapprouvaient (car tous n'étaient pas méchants) par simple motif d'humanité; d'autres ne se souciaient pas d'être empêtrés d'une *squaw*, et se tenaient à part, assistant à cette scène avec des rires sauvages.

Pendant tout ce temps, Seguin était de l'autre côté du bâtiment avec sa fille. Il l'avait installée sur une des mules et couvrait ses épaules avec un sérapé. Il procédait à tous ces arrangements de départ avec tous les soins que lui suggérait sa sollicitude paternelle.

A la fin, le bruit attira son attention, et, laissant sa fille aux mains de ses serviteurs, il courut vers la façade.

— Camarades! — cria-t-il en voyant

les captives montées sur les mules, et comprenant ce qui s'était passé. — Il y a trop de captifs là. Sont-ce ceux que vous avez choisis? — ajouta-t-il en se tournant vers le trappeur Rubé.

— Non, — répondit celui-ci; — les voilà. — Et il montra le groupe qu'il avait placé à l'écart.

— Faites descendre ces femmes, alors, et placez vos prisonniers sur les mules. Nous avons un désert à traverser, et c'est tout ce nous pourrons faire que d'en venir à bout avec ce nombre.

Puis, sans paraître remarquer les regards furieux de ses compagnons, il se mit en devoir, avec Rubé et quelques autres, d'exécuter l'ordre qu'il avait donné.

L'indignation des chasseurs tourna en révolte ouverte. Des regards furieux se croisèrent, et des menaces se firent entendre.

— Par le ciel! — cria l'un, — j'emmènerai la mienne, ou j'aurai sa chevelure.

— *Vaya!* — s'écria un autre en espagnol. — Pourquoi les emmener? Elles ne seront que des occasions d'embarras, après tout. Il n'y en a pas une qui vaille la prime de ses cheveux.

— Prenons les cheveux, alors, et laissons les moricaudes! — proposa un troisième.

— C'est ce que je dis.

— Et moi aussi.

— J'en suis, pardieu!

— Camarades! — dit Seguin, se tournant vers les mutins, et parlant avec beaucoup de douceur, — rappelez-vous votre promesse; faites le compte de vos prisonniers comme cela vous conviendra. Je réponds du paiement pour tous.

— Pouvez-vous payer tout de suite? — demanda une voix.

— Vous savez bien que cela ne m'est pas possible.

— Payez tout de suite! payez tout de suite! — dit une voix.

— L'argent ou les scalps, voilà!

— *Carajo!* où donc le capitaine trouvera-t-il l'argent quand nous serons à El-Paso, plutôt qu'ici? Il n'est ni juif ni banquier, que je sache, et je n'ai pas appris qu'il fût devenu si riche. D'où nous tirera-t-il tout cet argent?

— Pas du *cabildo* (1), bien sûr, à moins de présenter des scalps. Je le garantis.

— C'est juste, José! On ne lui donnera pas plus d'argent à lui qu'à nous; et nous pouvons le recevoir nous-même si nous présentons les peaux; nous le pouvons.

1) Le bureau où se payaient les primes.

— Wagh! il se soucie bien de nous, maintenant qu'il a retrouvé ce qu'il cherchait!

— Il se fiche de nous comme d'un tas de nègres! Il n'a pas voulu nous conduire par le Prieto, où nous aurions ramassé de l'or à poigne-main.

— Maintenant, il veut encore nous ôter cette chance de gagner quelque chose. Nous serions bien bêtes de l'écouter.

Je crus en ce moment pouvoir intervenir avec succès. L'argent paraissait être le seul mobile des révoltés ; du moins c'était le seul motif qu'ils missent en avant ; et, plutôt que d'être témoin du drame horrible qui menaçait, j'aurais sacrifié toute ma fortune.

— Messieurs, — criai-je de manière à pouvoir être entendu au milieu du bruit, — si vous voulez vous en rapporter à ma parole, voici ce que j'ai à vous dire : j'ai envoyé un chargement à Chihuahua avec la dernière caravane. Pendant que nous retournerons à El-Paso, les marchands seront revenus et je serai mis en possession de fonds qui dépassent du double ce que vous demandez. Si vous acceptez ma parole, je me porte garant que vous serez tous payés.

— Wagh! c'est fort bien, ce que vous dites là ; mais est-ce que nous savons quelque chose de vous ou de votre chargement ?

— *Vaya!* un oiseau dans la main vaut mieux que deux sur l'arbre.

— C'est un marchand ! Qui est-ce qui va croire à sa parole ?

— Au diable son chargement ? les scalps ou de l'argent; de l'argent ou les scalps ; voilà mon avis. Vous pouvez les prendre, vous pouvez les laisser, camarades, mais c'est le seul profit que vous aurez dans tout ceci, soyez-en sûrs.

Les hommes avaient goûté le sang, et, comme le tigre, ils en étaient plus altérés encore. Leurs yeux lançaient des flammes, et les figures de quelques-uns portaient l'empreinte d'une férocité bestiale horrible à voir. La discipline qui avait jusque-là maintenu cette bande, quelque peu semblable à une bande de brigands, semblait tout à fait brisée; l'autorité du chef était méconnue.

En face se tenaient les femmes, qui se serraient confusément les unes contre les autres. Elles ne pouvaient comprendre ce qui se disait, mais elles voyaient les attitudes menaçantes et les figures agitées de fureur; elles voyaient les couteaux nus; elles entendaient le bruit des fusils et des pistolets que l'on armait. Le danger leur apparaissait de plus en plus imminent, et elles se groupaient en frissonnant.

Jusqu'à ce moment, Seguin avait dirigé l'installation des prisonniers sur les mules. Il paraissait en proie à une étrange préoccupation qui ne l'avait pas quitté depuis la scène entre lui et sa fille. Cette grande douleur, qui lui remplissait le cœur, semblait le rendre insensible à tout ce qui se passait. Il n'en était pas ainsi.

A peine Kirker (c'était lui qui avait parlé le dernier) eut-il prononcé son dernier mot, qu'il se fit dans l'attitude de Seguin un changement prompt comme l'éclair. Sortant tout à coup de son indifférence apparente, il se porta devant le front des révoltés.

— Osez! — cria-t-il d'une voix de tonnerre, — osez enfreindre vos serments! Par le ciel! le premier qui lève son couteau ou son fusil est un homme mort!

Il y eut une pause, un moment de profond silence.

— J'ai fait vœu, — continua-t-il, —

que s'il plaisait à Dieu de me rendre mon enfant, cette main ne verserait plus une seule goutte de sang. Que personne de vous ne me force à manquer à ce vœu, ou, par le ciel! son sang sera le premier répandu!

Un murmure de vengeance courut dans la foule, mais pas un ne répondit.

— Vous n'êtes qu'une brute sans courage, avec tous vos airs matamores, — continua-t-il se tournant vers Kirker et le regardant dans le blanc des yeux. — Remettez ce couteau, tout de suite! ou, par le Dieu vivant! je vous envoie la balle de ce pistolet à travers le cœur!

Seguin avait tiré son pistolet se tenant prêt à exécuter sa menace. Il semblait qu'il eût grandi ; son œil dilaté, brillant et terrible, fit reculer cet homme qui se vit mort, s'il désobéissait; et, avec un sourd rugissement, il remit son couteau dans la gaîne.

— Mais la révolte n'était pas encore apaisée. Ces hommes ne se laissaient pas dompter si facilement. Des exclamations furieuses se firent entendre, et les mutins cherchèrent à s'encourager l'un l'autre par leurs cris.

Je m'étais placé à côté du chef avec mes revolvers armés, prêt à faire feu, et résolu à le soutenir jusqu'à la mort. Beaucoup d'autres avaient fait comme moi, et, parmi eux, Rubé, Garey, Sanchez le torero, et le Maricopa.

Les deux partis en présence étaient à peu près égaux en nombre, et si nous en étions venus aux mains, le combat eût été terrible; mais, juste à ce moment, quelque chose apparut dans le lointain qui calma nos fureurs intestines : c'était l'ennemi commun.

Tout à l'extrémité occidentale de la vallée, nous aperçûmes des formes noires, par centaines, accourant à travers la plaine. Bien qu'elles fussent encore à une grande distance, les yeux exercés des chasseurs les reconnurent au premier regard ; c'étaient des cavaliers ; c'étaient des Indiens ; c'étaient les Navajoès lancés à notre poursuite.

Ils arrivaient à plein galop, et se précipitaient à travers la prairie comme des chiens de chasse lancés sur une piste. En un instant, ils allaient être sur nous.

— Là bas! — cria Seguin ; — là bas, voilà des scalps de quoi vous satisfaire ; mais prenez garde aux vôtres. Allons, à cheval! en avant l'atajo! je vous tiendrai parole. A cheval, braves compagnons! à cheval!

Les derniers mots furent prononcés d'un ton conciliant. Mais il n'y avait pas besoin de cela pour activer les mouvements des chasseurs. L'imminence du danger suffisait. Ils auraient pu sans doute soutenir l'attaque à l'abri des maisons, mais seulement jusqu'au retour du gros de la tribu, et ils sentaient bien que c'en était fait de leur vie, s'ils étaient atteints. Rester dans la ville eût été folie, et personne n'y pensa. En un clin d'œil nous étions tous en selle ; l'*atajo*, chargé des captifs et des provisions, se dirigeait en toute hâte vers les bois. Nous nous proposions de traverser le défilé qui ouvrait du côté de l'est, puisque notre retraite était coupée par les cavaliers venant de l'autre côté.

Seguin avait pris la tête, et conduisait la mule sur laquelle sa fille était montée. Les autres suivaient, galopant à travers la plaine sans rang et sans ordre.

Je fus des derniers à quitter la ville. J'étais resté en arrière avec intention, craignant quelque mauvais coup, et déterminé à l'empêcher si je pouvais.

— Enfin, — pensai-je, — ils sont tous partis! — et enfonçant mes éperons dans les flancs de mon cheval, je m'élançai après les autres.

Quand j'eus galopé jusqu'à environ cent

yards des murs, un cri terrible retentit derrière moi; j'arrêtai mon cheval et me retournai sur ma selle pour voir ce que c'était. Un autre cri plus terrible et plus sauvage encore m'indiqua l'endroit d'où était parti le premier.

Sur le toit le plus élevé du temple, deux hommes se débattaient. Je les reconnus au premier coup d'œil; je vis aussi que c'était une lutte à mort. L'un des deux hommes était le chef-médecin que je reconnus à ses cheveux blancs; la blouse étroite, les jambières, les chevilles nues, le bonnet enfoncé de son antagoniste me le firent facilement reconnaître. C'était le trappeur essorillé.

Le combat fut court. Je ne l'avais pas vu commencer, mais je vis le dénoûment. Au moment où je me retournais, le trappeur avait acculé son adversaire contre le parapet, et de son bras long et musculeux il le forçait à se pencher par dessus le bord ; de l'autre main, il brandissait son couteau.

La lame brilla et disparut dans le corps ; un flot rouge coula sur les vêtements de l'Indien ; ses bras se détendirent ; son corps, plié en deux sur le bord du parapet, se balança un moment et tomba avec un bruit sourd sur la terrasse au-dessous.

Le même hurlement sauvage retentit

encore une fois à mes oreilles, et le chasseur disparut du toit.

Je me retournai pour reprendre ma route. Je pensai qu'il s'agissait du paiement de quelque dette ancienne, de quelque terrible revanche.

Le bruit d'un cheval lancé au galop se fit entendre derrière moi, un cavalier me suivait. Je n'eus pas besoin de me retourner pour comprendre que c'était le trappeur.

— Prêté rendu, c'est légitime, dit-on

C'est, ma foi, une belle chevelure tout de même. — Wagh ! ça ne peut pas me payer ni me remplacer la mienne ; mais c'est égal, ça fait toujours plaisir.

Je me retournai pour comprendre la signification de ce discours.

Ce que je vis suffit pour m'éclairer. Quelque chose pendait à la ceinture du vieux trappeur : on eût dit un écheveau de lin blanc comme la neige, mais ce n'était pas cela ; c'était une chevelure, *c'était un scalp.*

Des gouttes de sang coulaient le long

des fils argentés, et, en travers, au milieu, on voyait une large bande rouge. C'était la place où le trappeur avait essuyé son couteau!

CHAPITRE XXXIX

Combat dans le défilé.

Arrivés au bois, nous suivîmes le chemin des Indiens, en remontant le courant. Nous allions aussi vite que l'*atajo* le permettait. Après une course de cinq milles, nous atteignîmes l'extrémité orientale de la vallée. Là les sierras se rapprochent, entrent dans la rivière et forment un *cañon*. C'est une porte gigantesque semblable à celle que nous avions traversée en entrant dans la vallée par l'ouest, et d'un aspect plus effrayant encore.

Il n'y avait de route ni d'un côté ni de l'autre de la rivière ; en cela ce *cañon* différait du premier. La vallée était encaissée par des rochers à pic, et il n'y avait pas d'autre chemin que le lit même de la rivière. Celle-ci était peu profonde ; mais dans les moments de grandes eaux, elle se transformait en torrent, et alors la vallée devenait inaccessible par l'est. Cela arrivait rarement dans ces régions sans pluies.

Nous pénétrâmes dans le *canon* sans nous arrêter, galopant sur les cailloux, contournant les roches énormes qui gisaient au milieu. Au-dessus de nous s'élevaient, à plus de mille pieds de hauteur, des rochers menaçants qui, parfois, s'avançaient jusqu'au-dessus du courant; des pins noueux, qui avaient pris racine dans les fentes, pendaient en dessous; des masses informes de cactus et de mezcals grimpaient le long des fissures, et ajoutaient à l'aspect sauvage du site par leur feuillage sombre mais pittoresque.

L'ombre projetés des roches surplombantes rendait le défilé très sombre. L'obscurité était augmentée encore par les nuages orageux qui descendaient jusqu'au dessous des cimes. De temps en temps un éclair déchirait la nue et se réfléchissait dans l'eau à nos pieds. Les coups de tonnerre, brefs, secs, retentissaient dans la ravine, mais il ne pleuvait pas encore.

Nous avancions en toute hâte à travers l'eau peu profonde, suivant notre guide. Quelques endroits n'étaient pas sans dangers, car le courant avait une très grande force aux angles des rochers, et son impétuosité faisait perdre pied à nos chevaux; mais nous n'avions pas le choix de la route, et nous traversions pressant nos animaux de la voix et de l'éperon.

Après avoir marché ainsi pendant plusieurs centaines de yards, nous atteignîmes l'entrée du *canon* et gravîmes les bords.

— Maintenant, cap'n, — cria le guide, retenant les rênes et montrant l'entrée, — voilà la place où nous devons faire halte. Nous pouvons les retenir ici assez longtemps pour les dégoûter du passage : voilà ce que nous pouvons faire.

— Vous êtes sûr qu'il n'y a point d'autre passage que celui-ci pour sortir?

— Pas même un trou à faire passer un chat ; à moins qu'ils ne fassent le tour par l'autre bout ; et ça leur prendrait, pour sûr, au moins deux jours.

— Il faut défendre ce passage, alors. Pied à terre, compagnons? Placez-vous derrière les rochers.

— Si vous voulez m'en croire, cap'n, vous enverrez les mules et les femmes en avant avec un détachement pour les garder ; ça ne galope pas bien, ces bêtes-là. Et il faudra se démener de la tête et de la queue quand nous aurons à déguerpir d'ici : s'ils partent maintenant nous les rattraperons aisément de l'autre côté sur la prairie.

— Vous avez raison, Rubé; nous ne pourrons pas tenir bien longtemps ici : nos munitions s'épuiseront. Il faut qu'ils aillent en avant. Cette montagne est-elle dans la direction de notre route, pensez-vous?

Seguin, en disant cela, montrait un pic couvert de neiges, qui dominait la plaine au loin à l'est.

— Le chemin que nous devons suivre pour gagner la vieille mine passe tout au près, cap'n. Au sud-est de cette neige, il y a un passage ; c'est par là que je me suis sauvé.

— Très bien; le détachement se dirigera sur cette montagne. Je vais donner l'ordre du départ tout de suite.

Vingt hommes environ, ceux qui avaient les plus mauvais chevaux, furent choisis dans la troupe. On leur confia la garde de l'*atajo* et des captifs, et ils se dirigèrent immédiatement vers la montagne neigeuse.

El Sol s'en alla avec ce détachement, se chargeant particulièrement de veiller

sur Dacoma et sur la fille de notre chef.
Nous autres tous, nous nous préparâmes
à défendre le défilé.

Les chevaux furent attachés dans une
gorge, et nous prîmes position de manière
à commander l'embouchure du *canon* avec
nos fusils.

Nous attendions en silence l'approche de
l'ennemi.

Nous n'avions encore entendu aucun cri
de guerre; mais nous savions que ceux
qui nous poursuivaient ne devaient pas
être loin, et, agenouillés derrière les ro-

chers, nous tendions nos regards à travers les ténèbres de la sombre ravine.

Il est difficile de donner avec la plume une idée plus exacte de notre position.

Le lieu que nous avions choisi pour établir notre ligne de défense était unique dans sa disposition, et il n'est pas aisé de le décrire.

Cependant je ne puis me dispenser de faire connaître quelques-uns des caractères particuliers du site, pour l'intelligence de ce qui va suivre.

La rivière, après avoir décrit de nombreux détours en suivant un canal sinueux et peu profond, entrait dans le *canon* par une vaste ouverture semblable à une porte bordée de deux piliers gigantesques. L'un de ces piliers était formé par l'extrémité escarpée de la chaîne granitique; l'autre était une masse détachée de roches stratifiées.

Après cette ouverture, le canal s'élargissait jusqu'à environ cent yards; son lit était semé de roches énormes et de monceaux d'arbres à demi submergés.

Un peu plus loin, les montagnes se rapprochaient si près, que deux cavaliers de front pouvaient à peine passer ; plus loin, le canal s'élargissait de nouveau, et le lit de la rivière était encore rempli de rochers, énormes fragments qui s'étaient détachés des montagnes et avaient roulé là.

La place que nous avions choisie était au milieu des rochers et des troncs d'arbres, en dedans du *canon*, et au-dessous de la grande ouverture qui en formait l'entrée en venant du dehors.

La nécessité nous avait fait prendre cette position ; c'était la seule où la rive présentât une pente et un chemin en communication avec le pays ouvert, par où nos ennemis pouvaient nous prendre en flanc si nous les laissions arriver jusque-là. Il fallait, à tout prix, empêcher cela; nous nous plaçâmes donc de manière à défendre l'étroit passage qui formait le second étranglement du canal.

Nous savions qu'au-delà de ce point, les rochers à pic arrivaient des deux côtés jusque dans l'eau, et qu'il était impossible de les gravir.

Si nous pouvions leur interdire l'accès du bord incliné, il ne leur serait pas possible d'avancer plus loin.

Ils n'auraient plus dès-lors d'autre ressource que de nous mettre en flanc, en retournant par la vallée et en faisant le tour par le défilé de l'ouest, ce qui nécessitait une course de 50 milles au moins. En tout cas, nous pouvions les tenir en échec jusqu'à ce que l'*atajo* eût gagné une bonne avance; et alors, montant à cheval, forcer de vitesse pour les rattraper pendant la nuit. Nous savions bien qu'il nous faudrait, à la fin, abandonner la défense, faute de munitions, et nous n'en avions pas pour bien longtemps.

Au commandement de notre chef, nous étions jetés au milieu des rochers. Le tonnerre grondait au dessus de nos têtes, et le bruit se répercutait dans le *ca-*

non. De noirs nuages roulaient sur le précipice, déchirés de temps en temps par les éclairs. De larges gouttes commençaient à tomber sur les pierres.

Comme Seguin me l'avait dit, la pluie, le tonnerre et les éclairs sont des phénomènes rares dans ces régions ; mais, lorsqu'ils s'y produisent, c'est avec la violence qui caractérise les tempêtes des tropiques. Les éléments, sortant de leur tranquillité ordinaire, se livrent à de terribles batailles. L'électricité, longtemps amassée, rompt son équilibre, semble vouloir tout ravager et substituer un nouveau chaos aux harmonies de la nature.

L'œil du géognosiste, en observant les traits de cette terre élevée, ne peut se tromper sur les caractères de ses variations atmosphériques. Les effrayants *cañons*, les profondes ravines, les rives irrégulières des cours d'eau, leurs lits creusés à pic, tout démontre que c'est un pays à inondations subites.

Au loin, à l'est, en amont de la rivière, nous voyions la tempête déchaînée dans toute sa fureur. Les montagnes, de ce côté, étaient complètement voilées; d'épais nuages de pluie les couvraient, et nous entendions le bruit sourd de l'eau tombant à flots. Nous ne pouvions manquer d'être bientôt atteints.

— Qu'est-ce qui les arrête donc? demanda une voix.

Ceux qui nous poursuivaient avaient eu le temps d'arriver. Ce retard était inexplicable.

— Dieu seul le sait! — répondit un autre. — Je suppose qu'ils ont fait halte à la ville pour se badigeonner à neuf.

— Eh bien! leurs peintures seront lavées, c'est sûr. Prenez garde à vos amorces, vous autres, entendez-vous?

— Par le diable! il va en tomber une, d'ondées!

— C'est ce qu'il nous faut, garçons ! Hourrah ! pour la pluie ! — cria le vieux Rubé.

— Pourquoi ? Est-ce que tu éprouves le besoin d'être trempé, vieux fourreau de cuir ?

— C'est justement ce que l'Enfant désire.

— Eh bien ! pas moi. Je voudrais bien savoir quel tant besoin tu as d'être mouillé. Est-ce que tu veux mettre ta vieille carcasse à la lessive ?

—S'il pleut pendant deux heures, voyez-vous, — continua Rubé, sans prendre garde à cette plaisanterie, — nous n'aurons plus besoin de rester ici, voyez-vous !

— Et pourquoi cela, Rubé ? — demanda Seguin avec intérêt.

— Pourquoi, cap'n ? — répondit le guide : — J'ai vu un orage faire de cette gorge un endroit dans lequel ni vous ni personne n'auriez voulu vous aventurer. Hourrah ! le voici qui vient, pour sûr, le voici ! hourrah !

Comme le trappeur prononçait ces

derniers mots, un gros nuage noir arrivait de l'est en roulant, et enveloppait de ses replis gigantesques tout le défilé ; les éclairs déchiraient ses flancs, et le tonnerre retentissait avec violence. La pluie, dès-lors, se mit à tomber, non pas en gouttes, mais selon les vœux du chasseur, à pleins torrents.

Les hommes s'empressèrent de couvrir les batteries de leurs fusils avec le pan de leurs blouses, et restèrent silencieux sous les assauts de la tempête.

Un autre bruit, que nous entendîmes entre les pilliers, attira notre attention.

Ce bruit ressemblait à celui d'un train de voitures passant sur une route de gravier.

C'était le piétinement des chevaux sur le lit de galets du *canon*. Les Navajoes approchaient.

Tout à coup le bruit cessa. Ils avaient fait halte.

Dans quel dessein ? Sans doute pour reconnaître.

Cette hypothèse se vérifia : peu d'instants après, quelque chose de rouge se

montra au dessus d'une roche éloignée.
C'était le front d'un Indien, recouvert de
sa couche de vermillon.

Il était hors de portée du fusil, et les
chasseurs le suivirent de l'œil sans bouger.

Bientôt un autre parut, puis un autre,
puis, enfin, un grand nombre de formes
noires se glissèrent de roche en roche,
s'avançant ainsi à travers le *canon*. Ils
avaient mis pied à terre et s'approchaient
silencieusement.

Nos figures étaient cachées par le varech qui couvrait les rochers, et les Indiens ne nous avaient pas encore aperçus. Il était évident qu'ils étaient dans le doute sur la question de savoir si nous avions marché en avant, et leur avant-garde poussait une reconnaissance.

En peu de temps, le plus avancé, tantôt sautant, tantôt courant, était arrivé à la place où le *canon* se resserrait le plus.

Il y avait un gros rocher près de ce point, et le haut de la tête de l'Indien se montra un instant au dessus.

Au même moment, une demi-douzaine

de coups de feu partirent : la tête disparut, et, l'instant d'après, nous vîmes le bras brun du sauvage étendu la paume en l'air.

Les messagers de morts étaient allés à leur adresse.

Nos ennemis avaient dès-lors, en perdant un des leurs, il est vrai, acquis la certitude de notre présence et découvert notre position.

L'avant-garde battit en retraite avec les mêmes précautions qu'elle avait prises pour s'avancer.

Les hommes qui avaient tiré rechargèrent leurs armes, et, se remettant à genoux, se tinrent l'œil en arrêt et le fusil armé.

Un long intervalle de temps s'écoula avant que nous entendions rien du côté de l'ennemi, qui, sans doute, était en train de débattre un plan d'attaque.

Il n'y avait pour eux qu'un moyen de venir à bout de nous, c'était d'exécuter une charge par le *canon*, et de nous attaquer corps à corps.

En faisant ainsi, ils avaient la chance

de n'essuyer que la première décharge et d'arriver sur nous avant que nous eussions le temps de recharger nos armes.

Comme ils avaient de beaucoup l'avantage du nombre, il leur deviendrait facile de gagner la bataille au moyen de leurs longues lances.

Nous comprenions fort bien tout cela, mais nous savions aussi qu'une première décharge, quand elle est bien dirigée, a pour effet certain d'arrêter court une troupe d'Indiens, et nous comptions là-dessus pour notre salut.

Nous étions convenus de tirer par peletons, afin de nous ménager une seconde volée si les Indiens ne battaient pas en retraite à la première.

Pendant près d'une heure, les chasseurs restèrent accroupis sous une pluie battante, ne s'occupant que de tenir à l'abri les batteries de leur fusil. L'eau commençait à couler en ruisseaux plus rapides entre les galets et à tourbillonner autour des roches. Elle remplissait le large canal dans lequel nous étions et nous montait jusqu'à la cheville. Au-dessus et au-dessous, le courant resserré dans les étranglements du canal courait avec une impétuosité croissante.

Le soleil s'était couché, ou du moins

avait disparu, et la ravine où nous nous trouvions était complétement obscure. Nous attendions avec impatience que l'ennemi se montrât de nouveau.

— Ils sont peut-être partis pour faire le tour? — suggéra un des hommes.

— Non ! ils attendront jusqu'à la nuit; alors seulement ils attaqueront.

— Laissez-les attendre, alors, si ça leur plaît; murmura Rubé. — Encore une demi-heure, et ça ira bien; ou c'est que l'Enfant ne comprend plus rien aux apparences du temps.

— Sht! sht! — firent plusieurs hommes, — les voici! ils viennent!

Tous les regards se tendirent vers le passage. Des formes noires, en foule, se montraient à distance, remplissant tout le lit de la rivière. C'étaient les Indiens à cheval. Nous comprîmes qu'ils voulaient exécuter une charge. Leurs mouvements nous confirmèrent dans cette idée. Ils s'étaient formés en deux corps, et tenaient leurs arcs prêts à lancer une grêle de flèches au moment où ils prendraient le galop.

— Garde à vous, garçons! — cria Rubé, — voilà le moment de bien se tenir; at tention à viser juste, et à ta perdur, entendez-vous.

Le trappeur n'avait pas achevé de parler qu'un hurlement terrible éclata, poussé par deux cents voix réunies. C'était le cri de guere des Navajoes.

A ces cris menaçants, les chasseurs répondirent par de retentissantes acclamations, au milieu desquelles se faisaient entendre les sauvages hurlements de leurs alliés de lawares et shawnies.

Les Indiens s'arrêtèrent un moment derrière l'étranglement du *canon*, jusqu'à ce que ceux qui étaient en arrière les eussent rejoints. Puis, poussant de nouveau leur cri de guerre, ils se précipitèrent en avant vers l'étroite ouverture.

Leur charge fut si soudaine, que plusieurs l'avaient dépassée avant qu'un coup de feu eût été tiré. Puis on entendit le bruit des coups de fusils, la pétarade des rifles, et les détonations plus fortes des tromblons espagnols, mêlés aux sifflements des flèches indiennes. Les clameurs d'encouragement et de défi se croisaient; au milieu du bruit l'on distinguait les sourdes imprécations de ceux qu'avait atteints la balle ou la flèche empoisonnée.

Plusieurs Indiens étaient tombés à notre première volée; d'autres s'étaient avancés jusqu'au lieu de notre embuscade et nous lançaient leurs flèches à la figure. Mais tous nos fusils n'étaient pas déchargés, et à chaque détonation nouvelle, nous voyions tomber de sa selle un de nos audacieux ennemis.

Le gros de la troupe, retourné derrière les rochers, se reformait pour une nouvelle charge. C'était le moment le plus dangereux. Nos fusils étaient vides; nous ne pouvions plus les empêcher de forcer le passage et d'arriver jusqu'à la plaine ouverte.

Je vis Seguin tirer son pistolet et se

porter en avant, invitant tous ceux qui avaient une arme semblable à suivre son exemple. Nous nous précipitâmes sur les traces de notre chef jusqu'à l'embouchure du *canon*, et là nous attendîmes la charge.

Notre attente ne fut pas longue; l'ennemi, exaspéré par toutes sortes de raisons, était décidé à nous exterminer coûte que coûte. Nous entendîmes encore le terrible cri de guerre, et pendant qu'il résonnait, répercuté par mille échos, les sauvages s'élancèrent au galop vers l'ouverture.

— Maintenant, à nous! — cria une voix. — Feu! hourrah!

La détonation des cinquante pistolets n'en fit qu'une. Les chevaux qui étaient en avant reculèrent et s'abattirent en arrière, se débattant des quatre pieds dans l'étroit passage. Ils tombèrent tous à la fois, et barrèrent entièrement le chenal. D'autres cavaliers arrivaient derrière excitant leurs montures. Plusieurs furent renversés sur les corps amoncelés. Leurs chevaux se relevaient pour retomber encore, foulant aux pieds les morts et les vivants. Quelques-uns parvinrent à se frayer un passage, et nous attaquèrent avec leurs lances. Nous les repoussâmes à coups de crosse, et en vînmes aux mains avec les couteaux et les tomahawks.

Le courant, refoulé par le barrage des

cadavres d'hommes et de chevaux, se brisait en écumant contre les rochers. Nous nous battions dans l'eau jusqu'aux cuisses. Le tonnerre grondait sur nos têtes, et nous étions aveuglés par les éclairs. Il semblait que les éléments prissent part au combat.

Les cris continuaient plus sauvages et plus furieux que jamais. Les jurements sortaient des bouches écumantes, et les hommes s'étouffaient dans des embrassements qui ne se terminaient que par la mort d'un des combattants.

Mais l'eau, en montant, soulevait les corps des chevaux qui, jusque-là, avait obstrué le passage, et les entraînait au-delà de l'ouverture. Toutes les forces des Indiens allaient nous écraser. Grand Dieu! ils se réunissent pour une nouvelle charge, et nos fusils sont vides !

A ce moment un nouveau bruit frappe nos oreilles. Ce ne sont pas les cris des hommes, ce ne sont pas les détonations des armes à feu ; ce ne sont pas les éclats du tonnerre. C'est le mugissement terrible du torrent.

Un cri d'alarme se fait entendre derrière nous. Une voix nous appelle : — Fuyez, sur votre vie! au rivage! au rivage!

Je me retourne: je vois mes compagnons se précipiter vers la pente abordable, en poussant des cris de terreur. Au même instant, mes yeux sont attirés par une masse qui s'approche. A moins de vingt yards de la place où je suis, et entrant dans le *canon*, je vois une montagne noire et écumante : c'est l'eau, portant sur la crête de ses vagues des arbres déracinés et des branches tordues. Il semble que les portes de quelque écluse gigantesque ont été brusquement ouvertes, et que le premier flot s'en échappe.

Au moment où mes yeux l'aperçoivent elle se heurte contre les piliers de l'entrée du *canon* avec un bruit semblable à celui du tonnerre ; puis recule en mugissant et s'élève à une hauteur de vingt pieds. Un instant après, l'eau se précipite à travers l'ouverture.

J'entends les cris d'épouvante des Indiens qui font faire volte-face à leurs chevaux et prennent la fuite. Je cours vers le bord, à la suite de mes compagnons. Je suis arrêté par le flot qui me monte déjà jusqu'aux cuisses ; mais par un effort désespéré je plonge et fends la vague, jusqu'a ce que j'aie atteint un lieu de sûreté.

A peine suis-je parvenu à grimper sur la rive que le torrent passe, roulant, sifflant et bouillonnant. Je m'arrête pour le regarder. D'où je suis, je puis apercevoir la ravine dans presque toute sa longueur. Les Indiens fuient au grand galop, et je vois les queues des derniers chevaux disparaître à l'angle du rocher.

Les corps des morts et des blessés gisent encore dans le chenal. Il y a parmi eux des chasseurs et des Indiens. Les blessés poussent des clameurs terribles en voyant le flot qui s'avance. Nos camarades nous appellent à leur secours. Mais nous ne pouvons rien faire pour les sauver. Le courant les saisit dans son irrésistible tourbillon ; ils sont enlevés comme des plumes, et emportés avec la rapidité d'un boulet de canon.

— Il y a trois bons compagnons de moins ! Wagh !

— Qui sont-ils ! demande Seguin ; les hommes regardent autour d'eux avec anxiété.

— Il y a un Delaware et le gros Jim Harris, puis...

— Quel est le troisième qui manque ? Personne ne peut-il me le dire ?

— Je crois, capitaine, que c'est Kirker.

— C'est Kirker, par l'Éternel ! Je l'ai vu tomber, Wagh ! Ils auront son scalp, c'est certain.

— S'ils peuvent le repêcher, ça ne fait pas de doute.

— Ils auront à en repêcher plus d'un des leurs, j'ose le dire. C'est un furieux coup de marée, sacr.....! Je les ai bien vus courir comme le tonnerre ; mais l'eau court vite et ces moricauds passeront un mauvais quart d'heure si elle leur arrive sur le corps avant qu'ils aient gagné l'autre bout!

Pendant que le trappeur parlait, les corps de ses camarades qui se débattaient encore au milieu du flot, étaient emportés à un détour du *canon*, et tourbillonnaient hors de notre vue. Le chenal était alors rempli par l'eau écumante et jaunâtre qui battait les flancs du rocher et se précipitait en avant.

Nous étions pour le moment hors de danger. Le *canon* était devenu impraticable, et après avoir considéré quelques instants le torrent, en proie, pour la plupart à une profonde angoisse, nous fîmes volte-face et gagnâmes l'endroit où nous avions laissé nos chevaux.

CHAPITRE XL

La Barranca.

Après avoir conduit nos chevaux vers l'ouverture qui donnait sur la plaine, nous revînmes au fourré pour couper du bois et allumer du feu.

Nous nous sentions en sûreté.

Nos ennemis, en supposant qu'ils eussent échappé dans leur vallée, ne pouvaient nous atteindre qu'en faisant le tour des montagnes ou en attendant que la rivière eût repris son niveau.

Il est vrai que l'eau devait baisser aussi vite qu'elle s'était élevée si la pluie cessait; mais, heureusement, l'orage était encore dans toute sa force.

Nous savions qu'il nous serait facile de rejoindre promptement l'*atajo*, et nous nous déterminâmes à rester quelque temps près du *canon*, jusqu'à ce que les hommes et les chevaux eussent pu rafraîchir leurs forces par un repas.

Les uns et les autres avaient besoin de nourriture, et les événements des jours précédents n'avaient pas permis d'établir un bivouac régulier.

Bientôt les feux flambèrent sous le couvert des rochers surplombant.

Nous fîmes griller de la viande séchée pour notre souper, et nous mangeâmes avec appétit.

Nous avions grand besoin aussi de sécher nos vêtements.

Plusieurs hommes avaient été blessés. Ils furent, tant bien que mal, pansés par leurs camarades, le docteur étant allé en avant avec l'*atajo*.

Nous demeurâmes quelques heures près du *canon*.

La tempête continuait à mugir autour de nous, et l'eau s'élevait de plus en plus.

C'était justement ce que nous désirions.

Nous regardions avec une vive satisfaction le flot monter à une telle hauteur que, Rubé l'assurait, la rivière ne pourrait pas reprendre son niveau avant un intervalle de plusieurs heures. Le moment vint enfin de reprendre notre course.

Il était près de minuit quand nous montâmes à cheval.

La pluie avait presque effacé les traces laissées par le détachement d'El-Sol ; mais la plupart des hommes de la troupe étaient d'excellents guides, et Rubé, prenant la tête, nous conduisit au grand trot.

De temps en temps la lueur d'un éclair nous montrait les pas des mules marqués dans la boue, et le pic blanc qui nous servait de point de mire.

Nous marchâmes toute la nuit.

Une heure après le lever du soleil, nous rejoignions l'*atajo*, près de la base de la Montagne neigeuse.

Nous fîmes halte dans un des défilés,

et, après quelques instants employés à déjeûner, nous continuâmes notre voyage à travers la Sierra.

La route conduisait, par une ravine desséchée, vers une plaine ouverte qui s'étendait à perte de vue à l'est et à l'ouest. C'était un désert.

. . . .

Je n'entrerai pas dans le détail de tous les événements qui marquèrent la traversée de cette terrible *jornada*.

Ces événements étaient du même genre

que ceux que nous avions essuyés dans les déserts de l'ouest.

Nous eûmes à souffrir de la soif, car il nous fallut faire une traite de 60 milles sans eau.

Nous traversâmes des plaines couvertes de sauge où pas un être vivant ne troublait la monotonie mortelle de l'imensité qui nous environnait.

Nous fûmes obligés de faire cuire nos aliments sans autre combustible que l'artemisia.

Puis nos provisions s'épuisèrent, et les mules de bagages tombèrent l'une après l'autre sous le couteau des chasseurs affamés.

Plusieurs nuits, nous dûmes nous passer de feu.

Nous n'osions plus en allumer, car, bien que l'ennemi ne se fût pas encore montré, nous savions qu'il devait être sur nos traces.

Nous avions voyagé avec une telle rapidité qu'il n'avait pu encore parvenir à nous rejoindre.

Pendant trois jours nous nous étions dirigés vers le sud-est.

Le soir du troisième jour nous découvrîmes les sommets des Mimbres, à la bordure orientale du désert. Les pics de ces montagnes étaient bien connus des chasseurs et servirent désormais à diriger notre marche.

Nous nous approchions des Mimbres en suivant une diagonale.

Notre intention était de traverser la Sierra par la route de la Vieille-Mine, l'ancien établissement, si prospère autrefois, de notre chef. Pour lui, chaque détail du paysage était un souvenir. Je remarquai que son ardeur lui revenait à mesure que nous avancions.

Au coucher du soleil, nous atteignîmes la tête de la *Barranca del oro,* une crevasse immense qui traversait la plaine où était assise la mine déserte.

Cet abîme, qui semblait avoir été ouvert par quelque tremblement de terre, présentait une longueur de vingt milles. De chaque côté il y avait un chemin, le sol était plat et s'étendait jusqu'au bord même de la fissure béante.

A peu près à moitié chemin de la mine, sur la rive gauche, le guide connaissait une source, et nous nous dirigeâmes de ce côté avec l'intention de camper près de l'eau.

Nous marchions péniblement. Il était près de minuit quand nous atteignîmes la source. Nos chevaux furent dételés et attachés au milieu de la plaine.

Seguin avait résolu que nous nous reposerions là plus longtemps qu'à l'ordinaire. Il se sentait rassuré en approchant de ce pays qu'il connaissait si bien.

Il y avait un bouquet de cotonniers et

de saules qui bordaient la source; nous allumâmes notre feu au milieu de ce bois.

Une mule fut encore sacrifiée à la divinité de la faim ; et les chasseurs, après s'être repus de cette viande coriace, s'étendirent sur le sol et s'endormirent.

L'homme préposé à la garde des chevaux resta seul debout, s'appuyant sur son rifle, près de la caballada.

J'étais couché près du feu, la tête appuyée sur ma selle ; Seguin était près de moi avec sa fille.

Les jeunes filles Mexicaines et les Indiennes captives étaient pelotonnées à terre, enveloppées dans leur tilmas et leurs couvertures rayées. Tous dormaient ou semblaient dormir.

Comme les autres, j'étais épuisé de fatigue; mais l'agitation de mes pensées me tenait éveillé. Mon esprit contemplait l'avenir brillant.

Bientôt, — pensai-je, — bientôt je serai délivré de ces horribles scènes; bientôt il me sera permis de respirer une atmosphère plus pure, près de ma bien-aimée Zoé,

Charmante Zoé! Dans deux jours je vous retrouverai, je vous serrerai dans mes bras, je sentirai la douce pression de vos lèvres chéries, je vous appellerai : mon amour! mon bien! ma vie!

Nous reprendrons nos promenades dans le jardin silencieux, sous les allées qui bordent la rivière; nous nous assiérons encore sur les bancs couverts de mousse, pendant les heures tranquilles du soir; nous nous répéterons ces mots brûlants qui font battre nos cœurs d'un bonheur si profond! Zoé, innocente enfant! pure comme les anges! Cette question d'une ignorance enfantine : « Henri, qu'est-ce que le mariage? » Ah! douce

Zoé! vous l'apprendrez bientôt! Quand donc pourrai-je vous l'enseigner? Quand donc serez-vous mienne! mienne pour toujours!

Zoé! Zoé! êtes-vous éveillée? êtes-vous étendue sur votre lit en proie à l'insomnie, ou suis-je présent dans vos rêves? Aspirez-vous après mon retour comme j'y aspire moi-même?

Oh! quand donc la nuit sera-t-elle passée! Je ne puis prendre aucun repos; j'ai besoin de marcher, de courir sans cesse et sans relâche, en avant, toujours en avant!

Mon œil était arrêté sur la figure d'Adèle, éclairée par la lueur du feu. J'y retrouvais les traits de sa sœur : le front noble, élevé, les sourcils arqués et les narines recourbées ; mais la fraîcheur du teint n'y était plus ; le sourire de l'innocence angélique avait disparu. Les cheveux étaient noirs, la peau brunie. Il y avait dans le regard une fermeté et une expression sauvage, acquises, sans aucun doute, par la contemplation de plus d'une scène terrible. Elle était toujours belle, mais ce n'était plus la beauté éthérée de ma bien-aimée.

Son sein était soulevé par des pulsations brèves et irrégulières.

Une ou deux fois, pendant que je la regardais, elle s'éveilla à moitié, et murmura quelques mots dans la langue des Indiens. Son sommeil était inquiet et agité.

Pendant le voyage, Seguin avait veillé sur elle avec toute la sollicitude d'un père; mais elle avait reçu ses soins avec indifférence, et tout au plus lui avait-elle adressé un froid remercîment.

Il était difficile d'analyser les sentiments qui l'agitaient.

La plupart du temps elle restait immobile et gardait le silence.

Le père avait cherché, une ou deux fois, à réveiller en elle quelque souvenir de son enfance, mais sans aucun succès; et chaque fois il avait dû, le cœur rempli de tristesse, renoncer à ses efforts.

Je le croyais endormi ; je me trompais. En le regardant plus attentivement, je vis qu'il avait les yeux fixés sur sa fille avec un intérêt profond, et prêtait l'oreille aux phrases entrecoupées qui s'échappaient de ses lèvres. Il y avait dans son regard une expression de chagrin et d'anxiété qui me toucha jusqu'aux larmes.

Parmi les quelques mots, inintelligibles

pour moi, qu'Adèle avait murmurés tout endormie, j'avais saisi le nom de « Dacoma. »

Je vis Seguin tressaillir à ce nom.

— Pauvre enfant! — dit-il, voyant que j'étais éveillé, — elle rêve; elle a des songes agités. J'ai presque envie de l'éveiller.

— Elle a besoin de repos, — répondis-je.

— Oui; mais repose-t-elle ainsi? Ecoutez! encore Dacoma.

— C'est le nom du chef captif.

— Oui. Ils devaient se marier, conformément à la loi indienne.

— Mais comment savez-vous cela ?

— Par Rubé. Il l'a entendu dire pendant qu'il était prisonnier dans leur ville.

— Et l'aime-t-elle, pensez-vous ?

— Non ; il est clair que non. Elle avait été adoptée comme fille par le chef-médecin, et Dacoma la réclamait pour épouse.

Moyennant certaines conditions, elle lui aurait été livrée. Elle le redoutait et ne l'aimait pas, les paroles entrecoupées de son rêve en font foi. Pauvre enfant! quelle triste destinée que la sienne.

— Encore deux journées de marche et ses épreuves seront terminées. Elle sera rendue à la maison paternelle, à sa mère.

Ah! si elle reste dans cet état le cœur de ma pauvre Adèle en sera brisé !

— Ne craignez pas cela, mon ami. Le temps lui rendra la mémoire. Il me semble avoir entendu parler d'une histoire semblable arrivée dans les établissements frontières du Mississipi.

— Oh! sans doute; il y en a eu beaucoup de semblables. Espérons que tout se passera bien.

— Une fois chez elle, les objets qui ont entouré son enfance feront vibrer quelque corde du souvenir. Elle peut encore se rappeler tout le passé. Ne le croyez-vous pas?

—Espérons! espérons!

— En tout cas, la société de sa mère et de sa sœur effaceront bientôt les idées de la vie sauvage. Ne craignez rien ! elle redeviendra votre fille encore.

Je disais tout cela dans le but de le consoler.

Seguin ne répondit rien ; mais je vis que sa figure conservait la même expression de douleur et d'inquiétude.

Mon cœur n'était pas non plus exempt d'alarmes.

De noirs pressentiments commençaient à m'agiter sans que j'en pusse définir la cause.

Ses pensées étaient-elles du même genre que les miennes ?

— Combien de temps nous faut-il encore, — demandai-je, — pour atteindre votre maison du Del-Norte ?

Je ne sais pourquoi je fis alors cette question.

Craignais-je encore que nous pussions

être atteint par l'ennemi qui nous poursuivait ?

— Nous pouvons arriver après-demain soir, — répondit-il. Fasse le ciel que nous les retrouvions en bonne santé !

Je tressaillis à ces mots. Ils me dévoilaient la cause de mes inquiétudes ; c'était là le vrai motif de mes vagues pressentiments.

— Vous avez des craintes ?— demandai-je avidement.

— J'ai des craintes.

— Des craintes.

— De quoi ? de qui ?

— Des Navajoès.

— Des Navajoès ?

— Oui. Je suis inquiet depuis que je les ai vus se diriger à l'est du Pinon. Je ne puis comprendre pourquoi ils ont pris cette direction, à moins d'admettre qu'ils méditaient une attaque contre les établissements qui bordent la vieille route des Llanos. Sinon, je crains qu'ils aient fait une descente dans la vallée d'El Paso, peut-être sur la ville elle-même. Une chose peut les avoir empêché d'attaquer la ville; c'est le départ de la troupe de Dacoma, qui les a trop affaiblis pour tenter cette entreprise; mais le danger n'en sera devenu que plus grand pour les petits établissements qui sont au nord et au sud de cette ville.

Le malaise que j'avais ressenti jusque-là sans m'en rendre compte, provenait d'un mot qui était échappé à Seguin à la source du Pinon.

Mon esprit avait creusé cette idée, de temps en temps, pendant que nous traversions le désert; mais comme il n'avait plus parlé de cela depuis, je pensais qu'il n'y attachait pas grande importance. Je m'étais grandement trompé.

— Il est plus que probable, — continua-t-il, — que les habitants d'El Paso auront pu se défendre. Ils se sont battus déjà avec plus de courage que ne le font d'ordinaire les habitants des autres villes ; aussi, depuis assez longtemps, ils ont été exempts du pillage, en partie à cause de cela, en partie à cause de la protection qui résultait pour eux du voisinage de notre bande, pendant ces derniers temps, circonstance parfaitement connue des sauvages. Il est à espérer que la crainte de nous rencontrer aura empêché ceux-ci de pénétrer dans la *jornada*, au nord de la ville. S'il en est ainsi, les nôtres auront été préservés.

— Dieu veuille qu'il en soit ainsi ! — m'écriai-je.

— Dormons, — ajouta Seguin, — peut-être nos craintes sont-elles chimériques, et en tout cas elles ne servent à rien. Demain nous reprendrons notre course, sans plus nous arrêter, si nos bêtes peuvent y suffire. Reposez-vous, mon ami; vous n'avez pas trop de temps pour cela.

Ce disant, il appuya sa tête sur sa selle, et s'arrangea pour dormir.

Peu d'instants après, comme si cela eût été un acte de sa volonté, il parut plongé dans un profond sommeil.

Il n'en fut pas de même pour moi. Le sommeil avait fui mes paupières; j'étais dans l'agitation de la fièvre; j'avais le cerveau rempli d'images effrayantes. Le contraste entre ces idées terribles et les rêveries de bonheur, auxquelles je venais de me livrer quelques instants auparavant, rendait mes appréhensions encore plus vives.

Je me représentai les scènes affreuses qui, peut-être, s'accomplissaient dans ce moment même ; ma bien-aimée se débattant entre les bras d'un sauvage audacieux; car les Indiens du Sud, je le savais, n'étaient nullement doués de ces délicatesses chevaleresques, de cette réserve froide qui caractérisent les Peaux-Rouges des forêts.

Je la voyais entraînée en esclavage, devenant la *squaw* de quelque Indien brutal, et, dans l'agonie de ces pensées, je me dressai sur mes pieds, et me mis à courir à travers la prairie.

A moitié fou, je marchais sans savoir où j'allais.

J'errai ainsi pendant plusieurs heures sans me rendre compte du temps.

Je m'arrêtai au bord de la barranca. La lune brillait, mais l'abîme béant, ouvert à mes pieds, était rempli d'ombre et de silence. Mon œil ne pouvait en percer les ténèbres.

A une grande distance au-dessus de moi j'apercevais le camp et la caballada ; mes forces étaient épuisées, et donnant cours à ma douleur, je m'assis sur le bord même de l'abîme.

Les tortures aiguës qui m'avaient donné

des forces jusque-là firent place à un sentiment de profonde lassitude.

Le sommeil vainquit la douleur : je m'endormis.

CHAPITRE XLI

L'ennemi.

Je dormis peut-être une heure ou une heure et demie.

Si mes rêves eussent été des réalités, ils auraient rempli l'espace d'un siècle.

L'air frais du matin me réveilla tout frissonnant.

La lune était couchée; je me rappelais l'avoir vue tout près de l'horizon quand le sommeil m'avait pris.

Néanmoins, il ne faisait pas très nuit, et je voyais très loin à travers la brume.

— Peut-être est-ce l'aube, — pensai-je, et je me tournai du côté de l'est.

En effet, une ligne de lumière bordait·l'horizon de ce côté. Nous étions au matin.

Je savais que l'intention de Seguin était de partir de très bonne heure, et j'allais me lever, lorsque des voix frappèrent mon oreille.

J'entendais des phrases courtes, comme des exclamations, et le bruit d'une troupe de chevaux sur le sol ferme de la prairie.

— Ils sont levés, — pensai-je, — et se préparent à partir.

Dans cette persuasion, je me dressai sur mes pieds, et hâtai ma course vers le camp.

Au bout de dix pas, , je m'aperçus que le bruit des voix venait de derrière moi.

Je m'arrêtai pour écouter. Plus de doute, je m'en éloignais.

— Je me suis trompé de direction ! — dis-je en moi-même, et je m'avançai au bord de la barranca pour m'en assurer.

Quel fut mon étonnement lorsque je reconnus que j'étais bien dans la bonne voie, et que cependant le bruit provenait de l'autre côté.

Ma première idée fut que la troupe m'avait laissé là, et s'était mise en route.

— Mais non ; Seguin ne m'aurait pas ainsi abandonné. Ah! il a sans doute envoyé quelques hommes à ma recherche, ce sont eux.

Je criai : Holà! pour leur faire savoir où j'étais. Pas de réponse.

Je criai de nouveau plus fort que la première fois. Le bruit cessa immédiatement.

J'imaginais que les cavaliers prêtaient l'oreille, et je criai une troisième fois de toutes mes forces.

Il y eut un moment de silence; puis, j'entendis le murmure de plusieurs voix, et le bruit du galop des chevaux qui venaient vers moi.

Je m'étonnais de ce que personne n'eût encore répondu à mon appel; mais mon étonnement fit place à la consternation quand je m'aperçus que la troupe qui s'approchait était de l'autre côté de la barranca.

Avant que je fusse revenu de ma surprise, les cavaliers étaient en face de moi, et s'arrêtaient sur le bord de l'abîme.

J'en étais séparé par la largeur de la crevasse, environ trois cents yards, mais je les voyais très distinctement à travers la brume légère.

Ils paraissaient être une centaine ; à

leurs longues lances, à leurs têtes emplumées, à leurs corps demi-nus, je reconnus, au premier coup d'œil, des Indiens.

Je ne cherchai pas à en savoir davantage ; je m'élançai vers le camp de toute la vitesse de mes jambes.

Je vis, de l'autre côté, les cavaliers qui galopaient parallèlement.

En arrivant à la source, je trouvai les chasseurs, pris au dépourvu, et s'élançant sur leurs selles.

Seguin et quelques autres étaient allés au bord de la crevasse, et regardaient d'un autre côté.

Il n'y avait plus à penser à une retraite immédiate pour éviter d'être vus, car l'ennemi, à la faveur du crépuscule, avait déjà pu reconnaître la force de notre troupe.

Quoique les deux bandes ne fussent séparées que par une distance de trois cents yards, elles avaient à parcourir au moins vingt milles avant de pouvoir se rencontrer.

En conséquence, Seguin et les chasseurs avaient le temps de se reconnaître.

Il fut donc résolu qu'on resterait où l'on était, jusqu'à ce qu'on pût savoir à qui nous avions affaire.

Les Indiens avaient fait halte de l'autre côté, en face de nous, et restaient en selle, cherchant à percer la distance.

Ils semblaient surpris de cette rencontre. L'aube n'était pas encore assez claire pour qu'ils puissent distinguer qui nous étions.

Bientôt le jour se fit : nos vêtements, nos équipages nous firent reconnaître, et un cri sauvage, le cri de guerre des Navajoès, traversa l'abîme.

— C'est la bande de Dacoma ! — cria une voix. — Ils ont pris le mauvais côté de la crevasse.

— Non, — cria un autre, — ils ne sont pas assez nombreux pour que ce soit la bande de Dacoma. Ils ne sont pas plus d'une centaine.

— L'eau a peut-être emporté le reste, — suggéra celui qui avait parlé le premier.

—Wagh! comment auraient-ils pu manquer notre piste qui est aussi claire qu'une voie de wagons? Ça ne peut pas être eux.

— Qui donc, alors? Ce sont des Navagh : je les reconnaîtrais les yeux fermés.

— C'est la bande du premier chef, — dit Rubé, qui arrivait en ce moment. — Regardez, là-bas!, le vieux gredin lui-même sur son cheval moucheté.

— Vous croyez que ce sont eux, Rubé ? — demanda Seguin.

— Sur et certain, cap'n.

— Mais où est le reste de la bande? Ils ne sont pas tous là.

— Ils ne sont pas loin, pour sûr. Sch! cht! je les entends qui viennent.

— Là-bas, une masse! Regardez, camarades, regardez!

A travers le brouillard qui commençait à s'élever, nous voyions s'avancer un corps nombreux et épais de cavaliers. Ils accouraient en criant, en hurlant, comme s'ils eussent conduit un troupeau de bétail.

En effet, quand le brouillard se fut dissipé, nous vîmes une grande quantité de chevaux, de bêtes à cornes et de moutons, couvrant la plaine à une grande distance.

Derrière venaient les Indiens à cheval, qui galopaient çà et là, pressant les animaux avec leurs lances et les poussant en avant.

— Seigneur Dieu! en voilà un butin! — s'écria un des chasseurs.

— Oui, les gaillards ont fait quelque chose, eux, dans leur expédition. Nous, nous revenons les mains vides comme nous sommes partis. Wagh!

Jusqu'à ce moment, j'avais été occupé à harnacher mon cheval, et j'arrivais alors. Mes yeux ne se portèrent ni sur les Indiens ni sur les bestiaux capturés. Autre chose attirait mes regards, et le sang me refluait au cœur.

Loin, en arrière de la troupe qui s'avançait, un petit groupe séparé se montrait. Les vêtements légers flottant au vent indiquaient que ce n'étaient pas des Indiens.

C'étaient des femmes, des femmes captives !

Il paraissait y en avoir environ une vingtaine, mais je m'inquiétai peu de leur nombre. Je vis qu'elles étaient à cheval et que chacune d'elles était gardée par un Indien également à cheval.

Le cœur palpitant, je les regardai attentivement l'une après l'autre; mais la distance était trop grande pour distinguer les traits.

Je me tournai vers notre chef. Il avait l'œil appliqué à sa lunette. Je le vis tressaillir; ses joues devinrent pâles, ses lèvres s'agitèrent convulsivement, et la lunette tomba de ses mains sur le sol. Il s'affaissa sur lui-même d'un air égaré en s'écriant :

— Mon Dieu! mon Dieu! vous m'avez encore frappé!

Je ramassai la lunette pour m'assurer de la vérité. Mais je n'eus pas besoin de m'en servir.

Au moment où je me relevais, un animal qui courait le long du bord opposé frappa mes yeux. C'était mon chien Alp! Je portai la lunette à mes yeux, et un instant après, je reconnaissais la figure de ma bien-aimée!

Elle me paraissait si rapprochée que je pus à peine m'empêcher de l'appeler. Je distinguais ses beaux traits couverts de pâleur, ses joues baignées de larmes, sa riche chevelure dorée qui pendait, dénouée, sur ses épaules, tombant jusque sur le cou de son cheval. Elle était couverte d'un *sérapé.*

Un jeune Indien marchait à côté d'elle, monté sur un magnifique étalon, et vêtu d'un uniforme de hussard mexicain.

Je ne regardais qu'elle, et cependant du même coup d'œil j'aperçus sa mère au milieu des captives placées derrière.

Le troupeau des chevaux et des bestiaux passa, et les femmes, accompagnées de leurs gardes, arrivèrent en face de nous.

Les captives furent laissées en arrière dans la prairie, pendant que les guerriers s'avançaient pour rejoindre ceux de leurs camarades qui s'étaient arrêtés sur le bord de la barranca.

Il était alors grand jour. Le brouillard s'était dissipé, et les deux troupes ennemies s'observaient d'un bord à l'autre de l'abîme.

CHAPITRE XLII

Nouvelles douleurs.

C'était une singulière rencontre. Là se trouvaient en présence deux troupes d'ennemis acharnés, revenant chacune du pays de l'autre, chargée du butin, et emmenant des prisonniers ! Elles se rencontraient à moitié chemin ; elles se voyaient, à portée de mousquet, animées des sentiments les plus violents d'hostilité, et cependant un combat était impossible, à moins que les deux partis ne franchissent un espace de près de vingt milles.

D'un côté, les Navajoès, dont la physionomie exprimait une consternation profonde, car les guerriers avaient reconnu leurs enfants; de l'autre, les chasseurs de scalps, dont la plupart pouvaient reconnaître, parmi les captives de l'ennemi, une femme, une sœur ou une fille.

Chaque parti jetait sur l'autre des regards empreints de fureur et de vengeance. S'ils se fussent rencontrés en pleine prairie, ils auraient combattu jusqu'à la mort. Il semblait que la main de Dieu eût placé entre eux une barrière pour empêcher l'effusion du sang, et prévenir une bataille à laquelle la largeur de l'abîme était le seul obstacle.

Ma plume est impuissante à rendre les sentiments qui m'agitèrent à ce moment. Je me souviens seulement que je sentis mon courage et ma vigueur corporelle se doubler instantanément.

Jusque-là, je n'avais été que spectateur à

peu près passif des événements de l'expédition. Je n'avais été excité par aucun élan de mon propre cœur; mais maintenant je me sentais animé de toute l'énergie du désespoir.

Une pensée me vint, et je courus vers les chasseurs pour la leur communiquer. Seguin commençait à se remettre du coup terrible qui venait de le frapper. Les chasseurs avaient appris la cause de son accablement extraordinaire, et l'entouraient; quelques-uns cherchaient à le consoler. Peu d'entre eux connaissaient les affaires de famille de leur chef, mais ils avaient entendu parler de ses anciens malheurs;

la perte de sa mine, la ruine de sa propriété, la captivité de sa fille.

Quand ils surent que, parmi les prisonniers de l'ennemi, se trouvaient sa femme et sa seconde fille, ces cœurs durs eux-mêmes, furent émus de pitié au spectacle d'une telle infortune. Des exclamations sympathiques se firent entendre, et tous exprimèrent la résolution de mourir ou de reprendre les captives.

C'était dans l'intention d'exécuter cette détermination que je m'étais porté vers le groupe. Je voulais, au prix de toute ma fortune, proposer des récompenses au dévouement et au courage : mais voyant que des motifs plus nobles avaient provoqué ce que je voulais obtenir, je gardai le silence.

Seguin parut touché du dévouement de ses camarades, et fit preuve de son énergie accoutumée. Les hommes s'assemblèrent pour donner leur avis et écouter ses instructions.

Garey prit le premier la parole :

— Nous pouvons en venir à bout,

cap'n, même corps à corps; ils ne sont pas plus de deux cents.

— Juste cent quatre-vingt-seize, — dit un chasseur, — sans compter les femmes. J'ai fait le calcul; c'est le nombre exact.

— Eh bien, — continua Garey, — nous valons un peu mieux qu'eux, sous le rapport du courage, je suppose, et nous rétablirons l'équilibre du nombre avec nos rifles. Je n'ai jamais craint les Indiens à deux contre un, et même quelque chose de plus, si vous voulez.

— Regarde le terrain, Bill! c'est tout plaine. Qu'est-ce que nous ferons après la première décharge? Ils auront l'avantage avec leurs arcs et leurs lances. Wagh! ils nous embrocheront comme des poulets.

— Je ne dis pas qu'il faut les attaquer sur la prairie. Nous pouvons les suivre jusque dans les montagnes, et nous battre au milieu des rochers. Voilà ce que je propose.

— Oui. Ils ne peuvent pas nous échapper à la course avec tous ces troupeaux, c'est certain.

— Ils n'ont pas la moindre intention de fuir. Ils désirent bien plutôt en venir aux coups.

— C'est justement ce qu'il nous faut, — dit Garey ; — rien ne nous empêche d'aller là-bas, et de livrer bataille quand la position sera favorable.

Le trappeur, en disant ces mots, montrait le pied des Mimbres, à environ dix milles à l'est.

— Ils pourront bien attendre qu'ils soient encore plus en nombre. La principale troupe est plus nombreuse encore que celle-là. Elle comptait au moins quatre cents hommes quand ils ont passé le Pinon.

— Rubé, où le reste peut-il être ? — demanda Seguin ; — je découvre d'ici jusqu'à la mine ; ils ne sont pas dans la plaine !

— Il ne doit pas y en avoir par ici, cap'n. Nous avons un peu de chance de ce côté ; le vieux fou a envoyé une partie de sa bande par l'autre route, sur une fausse piste, probablement.

— Et qui vous fait penser qu'ils ont pris par l'autre route?

— Voici, cap'n; la raison est toute simple : s'il y en avait d'autres après eux, nous aurions vu quelques-uns de ces moricauds de l'autre côté, courir en arrière pour les presser d'arriver; comprenez-vous? — Or, il n'y en a pas un seul qui ait bougé.

— Vous avez raison, Rubé, — répondit Seguin, encouragé par la probabilité de cette assertion. — Quel est votre avis? — continua-t-il en s'adressant au vieux trappeur, aux conseils duquel il avait l'habitude de recourir dans les cas difficiles.

— Ma foi, cap'n, c'est un cas qui a besoin d'être bien examiné. Je n'ai encore rien trouvé qui me satisfasse, jusqu'à présent. Si vous voulez me donner une couple de minutes, je tâcherai de vous répondre du mieux que je pourrai.

— Très bien; nous attendrons votre avis. Camarades, visitez vos armes, et voyez à les mettre en bon état.

Pendant cette consultation, qui avait

pris quelques secondes, l'ennemi paraissait occupé de la même manière, de l'autre côté. Les Indiens s'étaient réunis autour de leur chef, et on pouvait voir, à leurs gestes, qu'ils délibéraient sur un plan d'action.

En découvrant entre nos mains les enfants de leurs principaux guerriers, ils avaient été frappés de consternation. Ce qu'ils voyaient leur inspirait les plus terribles appréhensions sur ce qu'ils ne voyaient pas.

A leur retour d'une expédition heureuse, chargés de butin et pleins d'idées de fêtes et de triomphes, ils s'apercevaient tout à coup qu'ils avaient été pris à leur propre piége.

Il était clair pour eux que nous avions pénétré dans leur ville. Naturellement, ils devaient penser que nous avions pillé et brûlé leurs maisons, massacré leurs femmes et leurs enfants. Ils ne pouvaient s'imaginer autre chose ; c'était ainsi qu'ils avaient agi eux-mêmes, et ils jugeaient notre conduite d'après la leur.

De plus, ils nous voyaient assez nombreux pour défendre, tout au moins contre eux, ce que nous avions pris ; ils savaient bien qu'avec leurs armes à feu, les chasseurs de scalps avaient l'avantage sur eux tant qu'il n'y avait pas une trop forte disproportion dans le nombre.

Ils avaient donc besoin, tout aussi bien que nous, de délibérer, et nous comprîmes qu'il se passerait quelque temps avant qu'ils en vinssent aux actes.

Leur embarras n'était pas moindre que le nôtre.

Les chasseurs, obéissant aux ordres de

Seguin, gardaient le silence, attendant que Rubé donnât son avis.

Le vieux trappeur se tenait à part, appuyé sur son rifle, ses deux mains entourant l'extrémité du canon.

Il avait ôté le bouchon, et regardait dans l'intérieur du fusil, comme s'il eût consulté un oracle au fond de l'étroit cylindre.

C'était une des manies de Rubé, et ceux qui connaissaient cette habitude l'observaient en souriant.

Après quelques minutes de réflexions silencieuses, l'oracle parut avoir fourni la réponse ; et Rubé, remettant le bouchon à sa place, s'avança lentement vers le chef.

— Billye a raison, cap'n. S'il faut nous battre avec ces Indiens, arrangeons-nous pour que l'affaire ait lieu au milieu des rochers ou des bois. Ils nous abîmeraient dans la prairie, c'est sûr. Maintenant, il y a deux choses : s'ils viennent sur nous, notre terrain est là-bas (l'orateur indiquait le contrefort des Mimbres) ; si, au contraire, nous sommes obligés de les suivre, ça nous sera aussi facile que d'abattre un arbre; ils ne nous échapperont pas.

— Mais comment ferez-vous pour les provisions dans ce cas? Nous ne pouvons pas traverser le désert sans cela.

— Pour ça, capitaine, il n'y a pas la plus petite difficulté. Dans une prairie sèche, comme il y en a par là, j'empoignerais toute cette cavalcade aussi aisément qu'un troupeau de buffles, et nous en aurons notre bonne part, je m'en vante. Mais il y a quelque chose de pire que tout cela et que l'Enfant flaire d'ici.

— Quoi ?

— J'ai peur que nous ne tombions sur la bande de Dacoma, en retournant en arrière ; voilà de quoi j'ai peur.

— C'est vrai ; ce n'est que trop probable.

— C'est sûr ; à moins qu'ils n'aient été tous noyés dans le caignion, et je ne le crois pas. Ils connaissent trop bien le passage.

La probabilité de voir la troupe de Dacoma se joindre à celle du premier chef, nous frappa tous, et répandit un voile de découragement sur toutes les figures. Cette troupe était certainement à notre poursuite, et devait bientôt nous rattrapper.

— Maintenant, cap'n, — continua le trappeur, — je vous ai dit ce que je pensais de la chose si nous étions disposés à nous battre. Mais j'ai comme une idée que nous pourrons délivrer les femmes sans brûler une amorce.

— Comment? comment? — demandèrent vivement le chef et les autres.

— Voici le moyen, — reprit le trappeur, qui me faisait bouillir par la prolixité de son style, — vous voyez bien ces Indiens qui sont de l'autre côté de la crevasse?

— Oui, oui, — répondit vivement Seguin.

— Très bien ; vous voyez maintenant ceux qui sont ici — et le trappeur montrait nos captifs.

— Oui ! oui !

— Eh bien! ceux que vous voyez là-bas, quoique leur peau soit rouge comme du cuivre, ont pour leurs enfants la même tendresse que s'ils étaient chrétiens. Ils les mangent de temps en temps, c'est vrai, mais ils ont pour cela des motifs de religion que nous ne comprenons pas trop, je l'avoue.

— Et que voulez-vous que nous fassions?

— Que nous hissions un chiffon blanc, et que nous offrions un échange de prisonniers. Ils comprendront cela, et entreront en arrangements, j'en suis sûr.

Cette jolie petite fille aux longs cheveux est la fille du premier chef, et les autres appartiennent aux principaux de la tribu; je les ai choisis à bonne enseigne. En outre, nous avons ici Dacoma et la jeune reine. Ils doivent s'en mordre les ongles jusqu'au sang de les voir entre nos mains. Vous pourrez leur rendre le chef, et négocier pour la reine le mieux que vous pourrez.

— Je suivrai votre avis, — s'écria Seguin l'œil brillant de l'espoir de réussir dans cette négociation.

— Il n'y a pas de temps à perdre alors,

cap'n. Si les hommes de Dacoma se montrent, tout ce que je vous ai dit ne vaudra pas la peau d'un rat des sables.

— Nous ne perdrons pas un instant.

Et Seguin donna des ordres pour que le signe de paix fût arboré.

— Il serait bon avant tout, cap'n, de leur montrer en plein tout ce que nous avons à eux. Ils n'ont pas vu Dacoma encore, ni la reine, qui sont là derrière les buissons.

— C'est juste, — répondit Seguin, — camarades, amenez les captifs au bord de la barranca. Amenez le chef navajo. Amenez la... amenez ma fille.

Les hommes s'empressèrent d'obéir à cet ordre, et peu d'instants après les enfants captifs, Dacoma et la reine des mystères furent placées au bord de l'abîme.

Les *sérapés* qui les enveloppaient furent retirés, et ils restèrent exposés dans leurs costumes habituels aux yeux des Indiens.

Dacoma avait encore son casque, et la

reine était reconnaissable à sa tunique richement ornée de plumes.

Ils furent immédiatement reconnus.

Un cri d'une expression singulière sortit de la poitrine des Navajoès à l'aspect de ces nouveaux témoignages de leur déconfiture.

Les guerriers brandirent leurs lances et les enfoncèrent sur le sol avec une indignation impuissante.

Quelques-uns tirèrent des scalps de

leur ceinture, les placèrent sur la pointe de leurs lances et les secouèrent devant nous au-dessus de l'abîme.

Ils crurent que la bande de Dacoma avait été détruite ; que leurs femmes et leurs enfants avaient été égorgés, et ils éclatèrent en imprécations mêlées de cris et de gestes violents.

En même temps, un mouvement se fit remarquer parmi les principaux guerriers.

Ils se consultaient.

Leur délibération terminée, quelques-uns se dirigèrent au galop vers les femmes captives qu'on avait laissées en arrière dans la plaine.

— Grand Dieu! — m'écriai-je, frappé d'une idée horrible, — ils vont les égorger! Vite, vite, le drapeau de paix!

Mais avant que la bannière fût attachée au bâton, les femmes mexicaines étaient descendues de cheval, leurs rebozos étaient enlevés, et on les conduisait vers le précipice,

C'était dans le simple but de prendre

une revanche, de montrer leurs prisonniers; car il était évident que les sauvages savaient avoir parmi leurs captives la femme et la fille de notre chef.

Elles furent placées en évidence, en avant de toutes les autres, sur le bord même de la barranca.

CHAPITRE XLIII

Le drapeau de trève.

Ils auraient pu s'épargner cette peine ; notre agonie était assez grande déjà. Mais, néanmoins, la scène qui suivit renouvela toutes nos douleurs.

Jusqu'à ce moment nous n'avions pas été reconnus par les êtres chéris qui étaient si près de nous.

La distance était trop grande pour l'œil nu, et nos figures hâlées, nos habits souillés par la route, constituaient un véritable déguisement.

Mais l'amour a l'intelligence prompte et la vue perçante; les yeux de ma bien-aimée se portèrent sur moi; je la vis tressaillir et se jeter en avant, j'entendis son cri de désespoir; elle tendit ses deux bras blancs comme la neige et s'affaissa sur le rocher, privée de connaissance.

Au même instant, madame Seguin reconnaissait son mari, et l'appelait par son nom.

Seguin lui répondait d'une voix forte, lui adressait des encouragements, et l'engageait à rester calme et silencieuse.

Plusieurs autres femmes, toutes jeunes et jolies, avaient reconnu leurs frères, leurs fiancés, et il s'en suivit une scène déchirante.

Mes yeux restaient fixés sur Zoé. Elle reprenait ses sens; le sauvage, vêtu en hussard, était descendu de cheval; il la prenait dans ses bras et l'emmenait dans la prairie.

Je les suivais d'un regard impuissant. Cet Indien lui rendait les soins les plus tendres; et j'en étais presque reconnaissant, bien que je reconnusse que ces attentions étaient dictées par l'amour.

Peu d'instants après, elle se redressa sur ses pieds et revint en courant vers la barranca.

J'entendis mon nom prononcé; je lui

renvoyai le sien; mais, à ce moment, la mère et la fille furent entourées par leurs gardiens, et entraînées en arrière.

Pendant ce temps, le drapeau blanc avait été préparé. Seguin s'était placé devant nous, et le tenait élevé.

Nous gardions le silence, attendant la réponse avec anxiété.

Il y eut un mouvement parmi les Indiens rassemblés.

Nous entendions leurs voix : ils parlaient avec animation, et nous vîmes qu'il se préparait quelque chose au milieu d'eux.

Immédiatement, un homme grand et de belle apparence perça la foule, tenant dans la main gauche un objet blanc : c'était une peau de faon tannée.

Dans sa main droite il avait une lance.

Il plaça la peau de faon sur le fer de la lance et s'avança en l'élevant.

C'était la réponse à notre signal de paix.

— Silence, camarades! — s'écria Seguin s'adressant aux chasseurs. Puis, élevant la voix, il s'exprima ainsi en langue indienne :

— Navajoès! vous savez qui nous sommes. Nous avons traversé votre pays et visité votre principale ville.

Notre but était de retrouver nos parents, qui étaient captifs chez vous. Nous en avons retrouvé quelques-uns; mais il y en a beaucoup que nous n'avons pu découvrir. Pour que ceux-là nous fussent rendus plus tard, nous avons pris des otages, vous le voyez. Nous aurions pu en prendre davantage, mais nous nous sommes contentés de ceux-ci. Nous n'avons pas brûlé votre ville : nous avons respecté la vie de vos femmes, de vos filles, de vos enfants. A l'exception de ces prisonniers, vous trouverez tous les autres comme vous les avez laissés.

Un murmure circula dans les rangs des Indiens.

C'était un murmure de satisfaction.

Ils étaient dans la persuasion que leur

ville était détruite, leurs femmes massacrées, et les paroles de Seguin produisirent sur eux une profonde sensation.

Nous entendîmes de joyeuses exclamations et les phrases de félicitations que les guerriers échangeaient.

Le silence se rétablit; Seguin continua :

— Nous voyons que vous avez été dans notre pays. Vous avez, comme nous, fait des prisonniers. Vous êtes des hommes rouges. Les hommes rouges aiment leurs

proches comme le font les hommes blancs.
Nous savons cela, et c'est pour cette raison que j'ai élevé la bannière de la paix,
afin que nous puissions nous rendre mutuellement nos prisonniers. Cela sera
agréable au Grand-Esprit, et nous sera
agréable à tous en même temps. Ceux que
vous avez pris sont ce qu'il y a de plus
cher au monde pour nous, et ceux que
nous avons en notre possession vous sont
également chers. Navajoès ! j'ai dit. J'attends votre réponse.

Quand Seguin eut fini, les guerriers se
rassemblèrent autour du grand chef, et
nous les vîmes engagés dans un débat
très animé.

Il y avait évidemment deux opinions contraires ; mais le débat fut bientôt terminé, et le grand chef, s'avançant, donna quelques ordres à celui qui tenait le drapeau. Celui-ci, d'une voix forte, répondit à Seguin en ces termes :

— Chef blanc, tu as bien parlé, et tes paroles ont été pesées par nos guerriers. Ce que tu demandes est juste et bon. L'échange de nos prisonniers sera agréable au Grand-Esprit et nous satisfera tous. Mais comment pouvons-nous savoir si tes paroles sont vraies ? Tu dis que vous n'avez pas brûlé notre ville, et que vous avez épargné nos femmes et nos enfants. Comment saurons-nous si cela est la vérité? Notre ville est loin; nos femmes aussi, si elles sont encore vivantes. Nous ne pouvons pas les interroger. Nous n'avons que ta parole; cela n'est pas assez.

Seguin avait prévu les difficultés, et il ordonna qu'un de nos prisonniers, un jeune garçon trés eveillé, fut amené en avant.

Le jeune sauvage se montra un instant après auprès de lui.

— Interrogez-le! — cria-t-il en le montrant à son interlocuteur.

— Et pourquoi n'adresserions-nous pas nos questions à notre frère, le chef Dacoma ? Ce garçon est jeune, il peut ne pas nous comprendre. Nous en croirons mieux la parole du chef.

— Dacoma n'était pas avec nous dans la ville. Il ignore ce qui s'y est passé.

— Que Dacoma le dise, alors.

— Mon frère a tort de se méfier ainsi, — répondit Seguin, — mais il aura la réponse de Dacoma. — Et il adressa quelques mots au chef Navajo qui était assis sur la terre auprès de lui.

La question fut faite directement à Dacoma par l'Indien qui était de l'autre côté.

Le fier guerrier, qui semblait exaspéré par la situation humiliante dans laquelle il se trouvait, répondit négativement par un geste brusque de la main et une courte exclamation.

— Maintenant, frère, — continua Seguin; — vous voyez que j'ai dit la vérité.

Questionnez maintenant ce garçon sur ce que je vous ai avancé.

On demanda au jeune Indien si nous avions brûlé la ville et si nous avions fait du mal aux femmes et aux enfants.

Aux deux questions, il répondit négativement.

— Eh bien ! — dit Seguin, — mon frère est-il satisfait ?

Un temps assez long se passa sans qu'il fut fait de réponse.

Les guerriers se rassemblèrent de nouveau en conseil et se mirent à gesticuler avec violence et rapidité.

Nous comprîmes qu'il y avait un parti opposé à la paix, et qui poussait à tenter la fortune de la guerre.

Ce parti était composé des jeunes guerriers; et je remarquai que l'Indien costumé en hussard qui, comme Rubé me l'apprit, était le fils du grand chef, paraissait être le principal meneur de ceux-là.

Si le grand chef n'eût pas été aussi vivement intéressé au résultat des négociations, les conseils belliqueux l'auraient emporté, car les guerriers savaient que ce serait pour eux une honte parmi les tribus environnantes de revenir sans prisonniers.

De plus, il y en avait plusieurs parmi eux qui avaient un autre motif pour les retenir ; ils avaient jeté les yeux sur les filles du Del-Norte et les avaient trouvées belles.

Mais l'avis des anciens prévalut enfin, et l'orateur reprit :

— Les guerriers Navajoès ont réfléchi sur ce qu'ils ont entendu. Ils pensent que le chef blanc a dit la vérité; et ils consentent à l'échange des prisonniers. Pour que les choses se passent d'une manière convenable, ils proposent que vingt guerriers soient choisis de chaque côté; que ces guerriers laissent, en présence de tous, leurs armes sur la prairie; qu'ils conduisent les captifs à l'extrémité de la barranca, du côté de la mine, et que là, ils débattent les conditions de l'échange.

Que tous les autres, des deux côtés, restent où ils sont jusqu'à ce que les guerriers sans armes soient revenus avec les prisonniers échangés; alors, les drapeaux blancs seront abattus, et les deux camps seront libres de tout engagement. Telles sont les paroles des guerriers navajoès.

Seguin dut prendre le temps de réfléchir avant de répondre à cette proposition.

Elle paraissait assez avantageuse, mais il y avait dans ses termes quelque chose qui nous faisait soupçonner un dessein caché.

La dernière phrase indiquait chez l'ennemi l'intention formelle d'essayer de reprendre les captifs qui allaient nous être rendus ; mais nous nous inquiétions peu de cela, pourvu que nous pussions les avoir une fois avec nous, du même côté de la barranca.

La proposition de faire conduire les prisonniers au lieu de l'échange, par des hommes désarmés, était très raisonnable, et le chiffre indiqué, vingt de chaque côté, constituait un nombre suffisant.

Mais Seguin comprit très bien comment les Navajoès interprétaient le mot *désarmé*.

En conséquence, plusieurs des chasseurs reçurent à voix basse l'avis de se retirer derrière les buissons et de cacher couteaux et pistolets sous leurs blouses de chasse.

Nous crûmes apercevoir une manœuvre semblable de l'autre côté, et voir les Indiens cacher de même leurs tomahawks.

Nous ne pouvions faire aucune objection aux conditions proposées, et comme Seguin sentait qu'il n'y avait pas de temps à perdre, il se hâta de les accepter.

Aussitôt que cela eut été annoncé aux Navajoès, vingt hommes, déjà désignés sans doute, s'avancèrent au milieu de la prairie, plantèrent leurs lances dans le sol, et posèrent auprès leurs arcs, leurs carquois et leurs boucliers.

Nous ne vîmes point de tomahawks, et nous comprîmes que chaque Navajo avait gardé cette arme.

Il ne leur avait pas été difficile de les cacher sur eux, car la plupart portaient des vêtements civilisés, enlevé dans le pillage des établissements et des fermes.

Nous nous en inquiétions peu, étant armés nous-mêmes.

Nous remarquâmes que tous les hommes ainsi choisis étaient d'une force peu commune.

C'étaient les principaux guerriers de la tribu.

Nous fîmes nos choix en conséquence.

El Sol, Garey, Rubey, le torreador

Sanchez en étaient ; Seguin et moi également.

La plupart des trappeurs et quelques Indiens Delawares complétèrent le nombre.

Les vingt hommes désignés se dirigèrent vers la prairie, comme les Navajoès avaient fait, et déposèrent leurs rifles en présence de l'ennemi.

Nous plaçâmes nos captifs sur des chevaux et sur des mules, et nous les disposâmes pour le départ.

La reine et les jeunes filles mexicaines furent réunies aux prisonniers.

C'était un coup de tactique de la part de Seguin.

Il savait que nous avions assez de captifs pour faire l'échange tête contre tête, sans ces dernières ; mais il comprenait, et nous comprenions comme lui, que laisser la reine en arrière ce serait rompre la négociation, et, peut-être, en rendre la reprise impossible.

Il avait résolu en conséquence de l'emmencr et de négocier le plus habillement possible, en ce qui la concernait, sur le terrain de la conférence.

S'il ne réussissait pas, il en appellerait aux armes, et il nous savait bien préparés à cet événement.

Les deux détachements furent prêts enfin, et s'avancèrent parallèment de chaque côté de la barranca.

Les corps principaux restèrent en observation, échangeant d'un bord à l'autre de l'abîme des regards de haine et de défiance.

Pas un mouvement ne pouvait être tenté sans être immédiatement aperçu, car les deux plaines, séparées par la barranca, faisaient partie du même plateau horizontal.

Un seul cavalier s'éloignant d'une des deux troupes aurait été vu par les hommes de l'autre, pendant une distance de plusieurs milles.

Les bannières pacifiques flottaient toujours en l'air, les lances qui les portaient fichées en terre; mais chacune des deux bandes ennemies tenait ses chevaux sellés et bridés, prêts à être montés au premier mouvement suspect.

CHAPITRE XLIV

Un traité orageux.

Dans la barranca même se trouvait la mine.

Les puits d'extraction laborieusement creusés dans le roc, de chaque côté, semblaient autant de caves.

Un petit ruisseau partageait la ravine en deux et se frayait difficilement un chemin à travers les roches qui avaient roulé au fond.

Sur le bord du ruisseau, on voyait quelques vieilles constructions enfumées, et des cabanes de mineurs en ruine; la plupart étaient effondrées et croûlantes de vétusté.

Le terrain, tout autour, était obstrué, rendu presque impraticable par les ronces, les mezcals et les cactus; toutes plantes vigoureuses, touffues et épineuses.

En approchant de ce point, les routes, de chaque côté de la barranca, s'abaissaient par une pente rapide, et convergeaient jusqu'à leur rencontre au milieu des décombres.

Les deux détachements s'arrêtèrent en vue des masures et échangèrent des signaux.

Après quelques pourparlers, les Navajoès proposèrent que les captifs resteraient sur le sommet des deux rives, sous la garde de deux hommes; les autres, dix-huit de chaque côté, devant descendre au fond de la barranca, se réunir au milieu des maisons, et, après avoir fumé le calumet, déterminer les conditions de l'échange.

Cette proposition ne plaisait ni à Seguin ni à moi.

Nous comprenions qu'en cas de rupture des négociations (et cette rupture nous paraissait plus que probable) notre victoire même, en supposant que nous la remportions, ne nous servirait de rien.

Avant que nous pussions rejoindre les prisonnières des Navajoès, en haut de la ravine, les deux gardiens les auraient emmenées, et, nous frémissions rien que d'y penser, les auraient peut-être égorgées sur place !

C'était une horrible supposition, mais elle n'avait rien d'exagéré.

Nous comprenions, en outre, que la cérémonie du calumet nous ferait perdre encore du temps ; et nous étions dans des transes continuelles au sujet de la bande de Dacoma qui, évidemment, ne devait pas être loin.

Mais l'ennemi s'obstinait dans sa proposition. Impossible de formuler nos objections sans dévoiler notre arrière-pensée ; force nous fut donc d'accepter.

Nous mîmes pied à terre, laissant nos chevaux à la garde des hommes qui surveillaient les prisonniers, et, descendant au fond de la ravine, nous nous trouvâmes face à face avec les guerriers navajoès.

C'étaient dix-huit hommes choisis : grands, musculeux, larges des épaules, avec des physionomies sauvages, rusées et farouches.

On ne voyait pas un sourire sur toutes
ces figures, et menteuse eût été la bouche
qui aurait essayé d'en grimacer un. Leurs
cœurs débordaient de haine et leurs regards étaient chargés de vengeance.

Pendant un moment les deux partis
s'observèrent en silence.

Ce n'étaient point des ennemis ordinaires ; ce n'était point une hostilité ordinaire qui animait ces hommes, depuis des
années, les uns contre les autres ; ce n'é-
tait point un motif ordinaire qui les ame-
nait pour la première fois à s'aborder

autrement que les armes à la main. Cette attitude pacifique leur était imposée, aux uns comme aux autres, et c'était entre eux quelque chose comme la trêve qui s'établit entre le lion et le tigre, lorsqu'ils se rencontrent dans la même avenue d'une forêt touffue, et s'arrêtent en se mesurant du regard.

La convention relative aux armes avait été observée des deux côtés de la même manière, et chacun le savait.

Les manches des tomahawks, les poignées des couteaux et les crosses brillantes des pistolets étaient à peine dissimulées sous les vêtements. D'un côté comme de l'autre on avait fait peu d'efforts pour les cacher.

Enfin la *reconnaissance* mutuelle fut terminée, et l'on entama la question.

On chercha inutilement une place libre de buissons et de ruines, assez large pour nous réunir assis et fumer le calumet.

Seguin indiqua une des maisons, une construction en adobé, qui était dans un état de conservation supportable, et on y entra pour l'examiner.

C'était un bâtiment qui avait servi de fonderie; des trucks brisés et divers ustensiles gisaient sur le sol. Il n'y avait qu'une seule pièce, pas très grande, avec un brazero rempli de scories et de cendres froides au milieu.

Deux hommes furent chargés d'allumer du feu sur le brazero; les autres prirent place sur les trucks et sur les masses de roche quartzeuse disséminées dans la pièce.

Au moment où j'allais m'asseoir, j'entendis derrière moi un hurlement plaintif qui se termina par un aboiement. Je me retournai : c'était Alp, c'était mon chien.

L'animal, dans la frénésie de sa joie, se jeta sur moi à plusieurs reprises, m'enlaçant de ses pattes, et il se passa quelque temps avant que je parvinsse à le calmer et à prendre place.

Nous nous trouvâmes enfin tous installés de chaque côté du feu, chaque groupe formant un arc de cercle et faisant face à l'autre.

Une lourde porte pendait encore sur ses gonds; mais comme il n'y avait point de fenêtres dans la pièce, on dut la laisser ouverte.

Bientôt le feu brilla; le calumet de pierre, rempli de *kini-kinik* et allumé, circula de bouche en bouche au milieu du plus profond silence.

Nous remarquâmes que chacun des Indiens, contrairement à l'habitude qui consiste à aspirer une bouffée ou deux, fumait longtemps et lentement. L'intention de traîner la cérémonie en longueur était évidente. Ces délais nous mettaient au supplice, Seguin et moi.

Arrivé aux chasseurs, le calumet circula rapidement.

Ces préliminaires, soi-disant pacifiques, terminés, on entama la négociation.

Dès les premiers mots, je vis poindre un danger.

Les Navajoès, et surtout les jeunes guerriers, affectaient un air bravache et une attitude provocante que les chasseurs n'étaient pas d'humeur à pouvoir supporter longtemps, et ils ne l'eussent pas supporté un seul instant, n'eût été la circonstance particulière où leur chef se trouvait placé.

Par égard pour lui, ils faisaient tous leurs efforts pour se contenir, mais il était clair qu'il ne faudrait qu'une étincelle pour allumer l'incendie.

La première question à débattre portait sur le nombre des prisonniers.

L'ennemi en avait dix-neuf; tandis que nous, sans compter la reine et les jeunes filles mexicaines, nous en avions vingt et un.

L'avantage était de notre côté; mais à notre grande surprise, les Indiens, s'appuyant sur ce que la plupart de leurs captifs étaient des femmes, tandis que le plus grand nombre des nôtres n'étaient que des enfants, élevèrent la prétention de faire échange sur le pied de deux des nôtres pour un des leurs.

Seguin répondit que nous ne pouvions accepter une pareille absurdité; mais que, comme il ne voulait conserver aucun prisonnier, il donnerait nos vingt et un pour les dix-neuf.

— Vingt et un! — s'écria un des guerriers; — qu'est-ce que c'est? Vous en avez vingt-sept. Nous les avons comptés sur la rive.

— Six de celles que vous avez comptées nous appartiennent. Ce sont des blanches et des Mexicaines.

— Six blanches! — répliqua le sauvage,

— il n'y en a que cinq. Quelle est donc la sixième? C'est peut-être notre reine! Elle est blanche de teint; et le chef pâle l'aura prise pour un visage pâle.

— Ha! ha! ha! — firent les sauvages éclatant de rire, — notre reine, un visage pâle! Ha! ha! ha!

— Votre reine, — dit Seguin d'un ton solennel, — votre reine, comme vous l'appelez, est ma fille.

— Ha! ha! ha! — hurlèrent-ils de

nouveau en chœur et d'un air méprisant :
— Sa fille! Ha! ha! ha! — Et la chambre retentit de leurs rires de démons.

— Oui, — ajouta-t-il d'une voix forte, mais tremblante d'émotion, car il voyait la tournure que les choses allaient prendre. — Oui, c'est ma fille!

— Et comment cela peut-il être? — demanda un des guerriers, un des orateurs de la tribu. — Tu as une fille parmi nos captives; nous savons cela. Elle est blanche comme la neige qui couvre le sommet de la montagne. Ses cheveux sont jaunes comme l'or de ses bracelets. La reine a le teint brun. Parmi les femmes de nos tribus il y en a beaucoup qui sont aussi blanches qu'elles ; ses cheveux sont noirs comme l'aile du vautour. Comment cela se ferait-il ? Chez nous, les enfants d'une même famille sont semblables les uns aux autres. N'en est-il pas de même des vôtres ? Si la reine est ta fille, celle qui a les cheveux d'or ne l'est donc pas. Tu ne peux pas être le père des deux. Mais non ! continua le rusé sauvage élevant la voix ; — la reine n'est pas ta fille. Elle est de notre race. C'est un enfant de Moctezuma ; c'est la reine des Navajoès.

— Il faut que notre reine nous soit rendue! — s'écrièrent les guerriers. — Elle est nôtre! nous la voulons!

En vain Seguin réitéra ses réclamations paternelles; en vain il donna tous les détails d'époque et de circonstances relatives à l'enlèvement de sa fille par les Navajoès eux-mêmes, les guerriers s'obstinèrent à répéter : — C'est notre reine, nous voulons qu'elle nous soit rendue!

Seguin, dans un éloquent discours, en appela aux sentiments du vieux chef dont la fille se trouvait dans une situation analogue; mais il était évident que celui-ci, en eût-il la volonté, n'avait pas le pouvoir de calmer la tempête.

Les plus jeunes guerriers répondaient par des cris dérisoires, et l'un d'eux s'écria que « le chef blanc extravaguait. »

Ils continuèrent quelque temps à gesticuler, déclarant, d'un ton formel, qu'à aucune condition ils ne consentiraient à un échange si la reine n'en faisait pas partie.

Il était facile de voir qu'ils attachaient

une importance mystique à la possession de leur reine.

Entre elle et Dacoma lui-même, leur choix n'eût pas été douteux.

Leurs exigences se produisaient d'une manière si insultante que nous en vînmes à nous réjouir intérieurement de leur intention manifeste d'en finir par une bataille.

Les rifles, principal objet de leurs craintes, n'étant pas là, ils se croyaient sûrs de la victoire.

Les chasseurs ne demandaient pas mieux que d'en venir aux mains, et se sentaient également certains de l'emporter. Seulement, ils attendaient le signal de leur chef.

Seguin se tourna vers eux, et baissant la tête, car il parlait debout, il leur recommanda à voix basse le calme et la patience. Puis, couvrant ses yeux de sa main, il demeura quelques instants plongé dans une méditation profonde.

Les chasseurs avaient pleine confiance dans l'intelligence aussi bien que dans le courage de leur chef.

Ils comprirent qu'il combinait un plan d'action quelconque, et attendirent patiemment le résultat.

De leur côté, les Indiens ne se montraient nullement pressés.

Ils ne s'inquiétaient pas du temps perdu, espérant toujours l'arrivée de la bande de Dacoma.

Ils demeuraient tranquilles sur leurs siéges, échangeant leurs pensées par des monosyllabes gutturaux ou de courtes phrases; quelques-uns coupaient de temps en temps la conversation par des éclats de rire.

Ils paraissaient tout à fait à leur aise, et ne semblaient aucunement redouter la chance d'un combat avec nous. Et, en vérité, à considérer les deux partis, chacun aurait dit que, homme contre homme, nous n'étions pas capables de leur résister.

Tous, à une ou deux exceptions près, avaient six pieds de taille, quelques-uns plus; tandis que la plupart de nos chasseurs étaient petits et maigres. Mais c'étaient des hommes éprouvés.

Les Navajoès se sentaient avantageusement armés pour un combat de corps à corps.

Ils savaient bien aussi que nous n'étions pas sans défense; toutefois, ils ne connaissaient pas la nature de nos armes.

Ils avaient vu les couteaux et les pistolets; mais ils pensaient qu'après une première décharge incertaine et mal dirigée, les couteaux ne seraient pas d'un grand secours contre leurs terribles tomahawaks.

Ils ignoraient que plusieurs d'entre nous, — El Sol, Seguin, Garey et moi, — avions dans nos ceintures la plus terrible de toutes les armes dans un combat à bout portant : le *revolver* de Colt.

C'était une invention toute récente, et aucun Navajo n'avait encore entendu les détonations successives et mortelles de cette arme.

— Frères! — dit Seguin reprenant de

nouveau la parole, — vous refusez de croire que je suis le père de votre reine. Deux de vos prisonnières, que vous savez bien être ma femme et ma fille, sont sa mère et sa sœur. Si vous êtes de bonne foi, donc, vous ne pouvez refuser la proposition que je vais vous faire. Que ces deux captives soient amenées ici; que la jeune reine soit amenée de son côté. Si elle ne reconnait pas les siens, j'abandonne mes prétentions, et ma fille sera libre de retourner avec les guerriers Navajoès.

Les chasseurs entendirent cette proposition avec surprise.

Ils savaient que tous les efforts de Seguin pour éveiller un souvenir dans la mémoire de sa fille avaient été infructueux. Quel espoir y avait-il qu'elle pût reconnaître sa mère? Seguin lui-même n'y comptait pas beaucoup, et un moment de réflexion me fit penser que sa proposition était motivée par quelque pensée secrète.

Il reconnaissait que l'abandon de la reine était la condition *sine quâ non* de l'acceptation de l'échange par les Indiens; que, sans cela, les négociations allaient être brusquement rompues, sa femme et sa fille restant entre les mains de nos ennemis.

Il pensait au sort terrible qui leur était réservé dans cette captivité, tandis que son autre fille n'y retournerait que pour être entourée d'hommages et de respects. Il fallait les sauver à tout prix; il fallait sacrifier l'une pour racheter les autres.

Mais Seguin avait encore un autre projet.

C'était une manœuvre stratégique de sa sa part, une dernière tentative désespérée.

Voici ce qu'il disait :

Si, une fois sa femme et sa fille se trouvaient avec lui dans les ruines, peut-être pourrait-il, au milieu du désordre d'un combat, les enlever; peut-être réussirait-il, dans ce cas, à enlever la reine elle-même; c'était une chance à tenter en désespoir de cause.

En quelques mots murmurés à voix basse, il communiqua cette pensée à ceux de ses compagnons qui étaient le plus près de lui, afin de leur inspirer patience et prudence.

Aussitôt que cette proposition fut formulée, les Navajoès quittèrent leurs siéges, et se rassemblèrent dans un coin de la chambre pour délibérer.

Ils parlaient à voix basse. Nous ne pouvions par conséquent entendre ce qu'ils disaient. Mais, à l'expression de leurs figures, de leurs gestes, nous comprenions qu'ils étaient disposés à accepter. Ils avaient observé attentivement la reine pendant qu'elle se promenait sur le bord de la barranca ; ils avaient correspondu par signes avec elle avant que nous eussions pu l'empêcher.

Sans aucun doute, elle les avait informés de ce qui s'était passés dans le *canon* avec le guerriers de Dacoma, et avait fait connaître la probabilité de leur arrivée prochaine.

Sa longue absence, l'âge auquel elle avait été emmenée captive, son genre de vie, les bons procédés dont on avait usé envers elle, avait effacé depuis longtemps tout souvenir de sa première enfance et de ses parents.

Les rusés sauvages savaient tout cela, et, après une discussion prolongée pendant près d'une heure, ils reprirent leurs siéges et formulèrent leur assentiment à la proposition.

Deux hommes de chaque troupe furent envoyés pour ramener les trois captives, et nous restâmes assis attendant leur arrivée.

Peu d'instants après, elles étaient introduites.

Il me serait difficile de décrire la scène qui suivit leur entrée.

Seguin, sa femme et sa fille, se retrouvant dans de telles circonstances; l'émotion que j'éprouvai en serrant un instant dans mes bras ma bien-aimée, qui sanglotait et se pâmait de douleur; la mère reconnaissant son enfant si longtemps perdue; ses angoisses quand elle vit l'insuccès de ses efforts pour réveiller la mémoire dans ce cœur fermé pour elle; la fureur et la pitié se partageant le cœur des chasseurs; les gestes et les exclamations de triomphe des Indiens; tout cela formait un tableau qui reste toujours vivant dans ma mémoire, mais que ma plume est impuissante à retracer.

Quelques minutes après, les captives étaient reconduites hors de la maison, confiés à la garde de deux hommes de chaque troupe, et nous reprenions la négociation entamée.

CHAPITRE XLV

Bataille entre quatre murs.

Ce qui venait de se passer n'avait point rendu meilleures les dispositions des deux partis, notamment celles des chasseurs.

Les Indiens triomphaient, mais ils ne se

relâchaient en rien de leurs prétentions déraisonnables.

Ils revinrent sur leur offre primitive : pour celles de nos captives qui avaient l'âge de femme, ils consentaient à échanger tête contre tête; pour Dacoma ils offraient deux prisonniers ; mais pour le reste ils exigeaient deux contre un.

De cette manière, nous ne pouvions délivrer que douze des femmes mexicaines environ ; mais voyant qu'ils étaient décidés à ne pas faire plus, Seguin consentit enfin à cet arrangement, pourvu que le choix nous fût accordé parmi les prisonniers que nous voulions délivrer.

Nous fûmes aussi indignés que surpris en voyant cette demande rejetée.

Il nous était impossible de douter, désormais, du résultat de la négociation.

L'air était chargé d'électricité furieuse. La haine s'allumait sur toutes les figures, la vengeance éclatait dans tous les regards.

Les Indiens nous regardaient du coin de l'œil d'un air moqueur et menaçant. Ils paraissaient triomphants, convaincus qu'ils étaient de leur supériorité.

De l'autre côté, les chasseurs frémissaient sous le coup d'une indignation doublée par le dépit.

Jamais ils n'avaient été ainsi bravés par des Indiens.

Habitués toute leur vie, moitié par fanfaronnade, moitié par expérience, à regarder les hommes rouges comme inférieurs à eux en adresse et en courage, ils ne pouvaient souffrir de se voir ainsi exposés à leurs bravades insultantes.

C'était cette rage furieuse qu'éprouve un supérieur contre l'inférieur qui lui résiste, un lord contre un serf, le maître contre son esclave qui se révolte sous le fouet et s'attaque à lui.

Tout cela s'ajoutait à leur haine traditionnelle pour les Indiens.

Je jetai un regard sur eux. Jamais figures ne furent animées d'une telle expression. Leurs lèvres blanches étaient serrées contre leurs dents; leurs joues pâles, leurs yeux démesurément ouverts, semblaient sortir de leurs orbites. On ne voyait sur leurs visages d'autre mouvement que celui de la contraction des muscles.

Leurs mains plongées sous leurs blouses, à demi-ouvertes sur la poitrine, serraient la poignée de leurs armes; ils semblaient être, non pas assis, mais accroupis comme la panthère qui va s'élancer sur sa proie.

Il y eut un long moment de silence des deux côtés.

Un cri se fit entendre, venant du dehors : le cri d'un aigle de guerre.

Nous n'y aurions sans doute pas fait attention, car nous savions que ces oiseaux étaient très communs dans les Mimbres, et l'un d'eux pouvait se trouver au-dessus de la ravine; mais il nous sembla que ce cri faisait une certaine impression sur nos adversaires.

Ceux-ci n'étaient point hommes à laisser percer une émotion soudaine; mais leurs regards nous parurent prendre une expression plus hautaine et plus triomphante encore. Était-ce donc un signal ?

Nous prêtâmes l'oreille un moment.

Le cri fut répété, et quoiqu'il ressemblât, à s'y méprendre, à celui de l'oiseau que nous connaissions tous très bien l'aigle à tête blanche), nous n'en restâmes pas moins frappés d'appréhensions sérieuses.

Le jeune chef costumé en hussard s'était levé. C'était lui qui s'était montré le plus violent et le plus exigeant de tous nos ennemis.

Homme d'un fort vilain caractère et de mœurs très dépravées, d'après ce que nous avait dit Rubé, il n'en jouissait pas moins d'un grand crédit parmi les guerriers.

C'est lui qui avait refusé la proposition de Seguin, et il se disposait à déduire les raisons de ce refus.

Nous les connaissions bien sans qu'il eut besoin de nous les dire.

—Pourquoi? — s'écria-t-il en regardant Seguin, — pourquoi le chef pâle est-il si désireux de choisir parmi nos captives? Voudrait-il, par hasard, reprendre la jeune fille aux cheveux d'or.

Il s'arrêta un moment comme pour attendre une réponse; mais Seguin garda le silence.

— Si le chef pâle croit que notre reine est sa fille, pourquoi ne consentirait-il pas à ce qu'elle fût accompagnée par sa sœur, qui viendrait avec elle dans notre pays?

Il fit une une pause, mais Seguin se tut comme auparavant.

L'orateur contina.

— Pourquoi la jeune fille aux cheveux d'or ne resterait-elle pas parmi nous et ne deviendrait-elle pas ma femme? Que suis-je, moi qui parle ainsi? Un chef parmi les Navajoès, parmi les descendants du grand Moctezuma, le fils de leur roi!

Le sauvage promena autour de lui un regard superbe en disant ces mots.

— Qui est-elle — continua-t-il, — celle que je prendrais ainsi pour épouse? La fille d'un homme qui n'est pas même respecté parmi les siens; la fille d'un *culatta* (1).

Je regardai Seguin. Son corps semblait grandir; les veines de son cou se gonflaient; ses yeux brillaient de ce feu sauvage que j'avais déjà eu occasion de remarquer chez lui. La crise approchait.

Le cri de l'aigle retentit encore.

(1) Expression du dernier mépris parmi les Mexicains.

— Mais non! — continua le sauvage, qui semblait puiser une nouvelle audace dans ce signal. — Je n'en dirai pas plus. J'aime la jeune fille; elle sera à moi! et cette nuit même elle dormira sous m...

Il ne termina pas sa phrase. La balle de Seguin l'avait frappé au milieu du front.

Je vis la tache ronde et rouge avec le cercle bleu de la poudre, et la victime tomba en avant.

Tous au même instant, nous fûmes sur

pied. Indiens et chasseurs s'étaient levés comme un seul homme.

On n'entendit qu'un seul cri de vengeance et de défi sortant de toutes les poitrines.

Les tomahawks, les couteaux et les pistolets furent tirés en même temps.

Une seconde après, nous nous battions corps à corps.

Oh! ce fut un effroyable vacarme; les

coups de pistolets, les éclairs des couteaux, le sifflement des tomahawks dans l'air, formaient une épouvantable mêlée.

Il semblerait qu'au premier choc les deux rangs eussent du être abattus. Il n'en fut pas ainsi.

Dans un semblable combat, si les premiers coups sont terribles, ils sont habilement parés, et la vie humaine est chose difficile à prendre, surtout quand il s'agit de la vie d'hommes comme ceux qui étaient là.

Peu tombèrent.

Quelques-uns sortirent de la mêlée blessés et couverts de sang, mais pour reprendre immédiatement part au combat. Plusieurs s'étaient saisis corps à corps; des couples s'étreignaient, qui ne devaient se lâcher que quand l'un des deux serait mort.

D'autres se dirigeaient vers la porte dans l'intention de combattre en plein air : le nombre fut petit de ceux qui parvinrent à sortir; sous le poids de la foule, la porte se ferma, et fut bientôt barrée par des cadavres. Nous nous battions dans les ténèbres.

Mais il y faisait assez clair cependant

pour nous reconnaître. Les pistolets lançaient de fréquents éclairs à la lueur desquels se montrait un horrible spectacle.

La lumière tombait sur des figures livides de fureur, sur des armes rouges et pleines de sang, sur des cadavres, sur des combattants dans toutes les attitudes diverses d'un combat à mort.

FIN DU QUATRIÈME VOLUME.

TABLE

Des chapitres du quatrième volume.

—

		Pages
Chap.	XXXVI. L'embuscade nocturne. . . .	1
—	XXXVII. Adèle.	19
—	XXXVIII. Le scalp blanc.	53
—	XXXIX. Combat dans le défilé. . . .	95
—	XL. La Barranca.	139
—	XLI. L'ennemi..	173
—	XLII. Nouvelles douleurs.	193
—	XLIII. Le drapeau de trêve. . . .	223
—	XLIV. Un traité orageux.	251
—	XLV. Bataille entre quatre murs. .	287

Fin de la table du quatrième volume.

Fontainebleau, imp. de E. Jacquin.

EN VENTE CHEZ LES MÊMES ÉDITEURS

ADIEUX AU MONDE
MÉMOIRES
DE CÉLESTE MOGADOR
8 volumes.

Ces Mémoires sont la vie d'une femme que tout le monde connaît. La vie de cette femme, devenue grande dame, est racontée par elle-même, dans tous ses détails, sans mystères, sans voile, sans restrictions, à titre d'enseignement aux pauvres filles abandonnées de la fortune et de leurs parents.

Cet ouvrage est complètement inédit, et n'a paru dans aucun journal.

LA DAME AUX PERLES
Par Alex. DUMAS, fils. — 4 vol.

On se souvient de l'immense succès de la **Dame aux Camélias**; M. Alexandre Dumas, fils, a donné un pendant à son chef-d'œuvre en écrivant la **Dame aux Perles**. Ce n'est plus seulement un roman de jeunesse, c'est une étude du cœur humain dans ses replis les plus secrets.

HEURES DE PRISON
Par madame LAFARGE (née Marie Capelle). — 3 vol.

Le nom seul de madame Lafarge dit ce qu'est cet ouvrage. Quelle que soit l'opinion que l'on se soit faite sur elle, qu'on la croie innocente ou coupable, il est impossible de rester indifférent à ces récits entraînants où la magie du style s'unit à la force des pensées.

DU SOIR AU MATIN
Par A. DU CASSE. — 1 vol.

Initier les personnes qui n'ont jamais fait partie de l'armée à quelques habitudes de la vie militaire, rappeler à ceux qui ont été soldats quelques souvenirs de garnison, retracer pour ceux qui sont encore au service quelques scènes de leur vie intime, amuser un peu tout le monde, voilà quel est le but de ce livre.

LES
PETITS-FILS DE LOVELACE
Par Amédée ACHARD. — 3 vol.

Les qualités qui distinguent cette œuvre placent M. Amédée Achard au rang de nos romanciers de premier ordre. C'est un de ces drames effrayants de la vie du grand monde dont Balzac nous a, le premier, révélé les mystères.

www.ingramcontent.com/pod-product-compliance
Lightning Source LLC
Chambersburg PA
CBHW060410170426
43199CB00013B/2085